www.ingramcontent.com/pod-product-compliance
Lightning Source LLC
LaVergne TN
LVHW020439070526
838199LV00063B/4788
* 9 7 8 9 3 5 8 7 2 5 3 5 3 *

فن افسانہ نگاری کے کچھ معروف نام

(مضامین)

مرتبہ:

مکرم نیاز

© Taemeer Publications LLC

Funn Afsana nigari ke kuch maroof naam
by: Mukarram Niyaz
Edition: July '2024
Publisher :
Taemeer Publications LLC (Michigan, USA / Hyderabad, India)

ISBN 978-93-5872-535-3

مرتب یا ناشر کی پیشگی اجازت کے بغیر اس کتاب کا کوئی بھی حصہ کسی بھی شکل میں بشمول ویب سائٹ پر اَپ لوڈنگ کے لیے استعمال نہ کیا جائے۔ نیز اس کتاب پر کسی بھی قسم کے تنازع کو نمٹانے کا اختیار صرف حیدرآباد (تلنگانہ) کی عدلیہ کو ہو گا۔

© تعمیر پبلی کیشنز

کتاب	:	**فن افسانہ نگاری کے کچھ معروف نام**
مرتب	:	**مکرم نیاز**
صنف	:	تحقیق و تنقید
ماخذ	:	ماہنامہ 'اردو دنیا (نئی دہلی)' سے منتخب شدہ مقالے
ناشر	:	تعمیر پبلی کیشنز (حیدرآباد، انڈیا)
سالِ اشاعت	:	۲۰۲۴ء
صفحات	:	۱۳۸
سرورق ڈیزائن	:	تعمیر ویب ڈیزائن

فہرست

(۱) نیاز فتح پوری کی رومانی افسانہ نگاری	عامر اقبال	6
(۲) کوثر چاندپوری کی افسانہ نگاری	شاداب تبسم	14
(۳) مجنوں گورکھپوری کی افسانہ نگاری	ڈاکٹر ثاقب عمران	24
(۴) الیاس احمد گدی کی افسانہ نگاری	اختر آزاد	34
(۵) قیصر تمکین کی افسانہ نگاری	فیضان الحق	70
(۶) صدیقہ بیگم سیوہاروی کی افسانہ نگاری	ڈاکٹر شاداب تبسم	81
(۷) نیّر مسعود کی افسانہ نگاری	عریشہ تسنیم	93
(۸) موسیٰ مجروح کی افسانہ نگاری	ذاکر حسین ذاکر	105
(۹) ابن کنول کی افسانہ نگاری	عزیر احمد	116
(۱۰) سلمیٰ صنم کی افسانہ نگاری	ڈاکٹر عائشہ فرحین	127

نیاز فتح پوری کی رومانی افسانہ نگاری

عامر اقبال

نیاز فتح پوری(۱۸۸۴-۱۹۶۶) کا شمار ان فنکاروں میں ہوتا ہے جنھوں نے اپنے خون جگر سے گلشن ادب کی آبیاری کی۔ وہ مختلف الجہات شخصیت کے مالک تھے۔ ان کی علمی خدمات بہت وسیع ہیں۔ انھوں نے ادب کی مختلف اصناف میں اپنی یادگار تحریریں چھوڑی ہیں اور ایک عہد کو متاثر کیا ہے۔ نیاز فتح پوری نے اپنی تحریروں کے ذریعے زبان کو ایسا حسن اور ایسی لطافت بخشی کہ نثر میں بھی نظم کی شیرینی محسوس ہونے لگی۔ ان کی سحر انگیز تحریریں قاری کے ذہن کو فوراً اپنی گرفت میں لے لیتی ہیں۔ نیاز فتح پوری کی تحریروں میں ان کے قلب کی نرمی اور جذبات کی گرمی دونوں بیک وقت نمایاں ہوتی ہیں۔ نیاز فتح پوری نے اپنی ادبی زندگی کا آغاز شاعری سے کیا لیکن جلد ہی وہ انشائے لطیف اور افسانہ نگاری کی طرف مائل ہوگئے۔ انھوں نے ادبی، تنقیدی، سماجی، سیاسی، علمی اور مذہبی موضوعات پر مضامین بھی لکھے جو غیر معمولی اہمیت کے حامل ہیں۔ نیاز فتح پوری کی فطرت بڑی متجسس تھی۔ ان کا تحقیقی ذہن سطحی ادب سے کوئی تاثر قبول نہیں کرتا تھا۔ انھوں نے تنقید نگاری کے ضمن میں بھی ایک الگ راہ نکالی۔ ان کا تنقیدی زاویہ فلسفیانہ اساس پر مبنی ہے۔ تنقید کے ساتھ ساتھ نیاز فتح پوری نے اور بھی بہت کچھ لکھا ہے۔ انھوں نے اپنی گراں مایہ تخلیق سے اردو افسانوی ادب کو گراں بار کیا۔ نیاز فتح پوری کے

افسانے زندگی سے متعلق ہیں اور زندگی کے تمام حسین اور جمالیاتی پہلوؤں کی عکاسی کرتے ہیں۔

اردو کے افسانوی ادب میں رومانی رجحانات کے تحت افسانہ لکھنے والوں میں نیاز فتح پوری کا نام امتیازی حیثیت کا حامل ہے۔ وہ اردو کے ابتدائی رومانی افسانہ نگاروں میں سے تھے۔ ان کا اولین مطبوعہ افسانہ 'ایک پارسی دوشیزہ کو دیکھ کر' ہے جو 'تمدن' دہلی، جنوری ۱۹۱۳ میں شائع ہوا۔

(مرزا حامد بیگ، 'اردو افسانے کی روایت' ایم آر پبلی کیشنز، نئی دہلی، ۲۰۱۴، ص ۳۴۳)

نگارستان، جمالستان، نقاب اٹھ جانے کے بعد، حسن کی عیاریاں اور دوسرے افسانے وغیرہ ان کے ناقابل فراموش افسانوی مجموعے ہیں۔ نیاز فتح پوری کی تحریروں میں جوش اور بیان کا ایسا پرکشش سلیقہ ملتا ہے جس کے ذریعے ان کی تحریریں اور تراکیب لفظی خوبصورت ترین ہو جاتی ہیں۔ انھوں نے متعدد جذبات و کیفیات کو اپنے دلکش انداز میں پیش کیا ہے کہ ذہن تھوڑی دیر کے لیے مسحور ہو جاتا ہے۔ نیاز فتح پوری کے افسانوں کا موضوع حسن و عشق ہے جس میں شاعرانہ رنگینی بھی پائی جاتی ہیں اور جس کا اسلوب بیان بھی بہت سحر انگیز ہوتا ہے۔ اس سلسلے میں ڈاکٹر فرمان فتح پوری لکھتے ہیں:

"نیاز کے افسانے دراصل اس دور کی تخلیق ہیں جسے اردو میں نثر لطیف کی تحریر کا دور کہا جاتا ہے۔ اس میں عورت، حسن اور رومانی انداز فکر کو بنیادی اہمیت حاصل تھی۔ میر ناصر علی، سجاد حیدر یلدرم اور مہدی افادی نے اس رنگ کو ایسا جاذب نظر بنا دیا تھا کہ نوجوان ادیب اس سے متاثر ہوئے بغیر نہ رہ سکتے تھے۔ نیاز تو طبعاً رومان پرست تھے بہت جلد اس گروہ میں شامل ہو گئے اور دیکھتے دیکھتے ممتاز مقام پیدا کر لیا۔"

(ڈاکٹر فرمان فتح پوری، 'اردو افسانہ اور افسانہ نگار'، مکتبہ جامعہ لمیٹڈ، نئی دہلی، ۱۹۸۲، ص ۲۷)

نیاز فتح پوری کی رومانیت ان کے افسانوں میں مختلف زاویوں سے نمایاں ہوتی ہے۔ وہ اپنے افسانوں کا مواد کلاسیکی، تاریخی واقعات اور یونان و عرب کی قدیم داستانوں سے اخذ کرتے ہیں۔ لیکن ان اخذ کردہ واقعات کو وہ اپنی قوت متخیلہ کے ذریعے رومانیت کا ایسا دل نشین اور ہوشربا پیراہن عطا کرتے ہیں کہ وہ حسن کا مرکز بن جاتا ہے۔ نیاز اپنے نادر اسلوب کے ذریعے اسے ایک بالکل نئے زاویے کے ساتھ نئی شکل میں پیش کرنے کا ہنر جانتے ہیں۔ ان کی تحریروں میں رومانی فضا کی پر کیف سرمستی اور سرگشتگی پائی جاتی ہے۔ انھوں نے اپنے افسانوں میں محبت و حسن کی جن کیفیات کو پیش کیا ہے وہ ان کے ہم عصر افسانہ نگاروں کی رومانی تحریروں میں معدوم ہیں۔ مجنوں گورکھپوری لکھتے ہیں:

"نیاز ایک زبردست قوت آخذہ کے مالک ہیں۔ وہ بڑے سلیقے کے ساتھ دوسری جگہ سے مواد لے سکتے ہیں اور اپنے انفرادی اسلوب سے اس کو اپنا بنا کر پیش کر سکتے ہیں۔ ایسا کرنا کوئی عیب نہیں ہے بشرطیکہ کوئی اپنے تخلیقی اسلوب سے دوسری جگہ سے ماخوذ مواد کو بالکل نیا روپ دے سکے۔ شیکسپیئر کا کوئی ڈرامے ایسا نہیں جو دوسری جگہ سے نہ لیا گیا ہو۔ لیکن اس کے ڈراموں کے اصلی ماخذوں کو کوئی پوچھتا نہیں۔ اس کے ڈرامے آج تک دنیا کو متاثر کیے ہوئے ہیں۔ اول اول نیاز کے افسانے یونانی اساطیر و قصص اور مصر و عرب یا دوسرے قدیم ملکوں کے حسن و عشق کی داستانوں سے ماخوذ ہوتے تھے جو بڑی رومانی سرگشتگی اور والہانہ پن کے ساتھ لکھے جاتے تھے۔ ان کے افسانوں کا موضوع بلا استثنا حسن و عشق ہے۔ محبت اور عورت کی جیسی رنگین اور دلفریب تصویریں ان کے افسانوں میں ملتی ہیں اردو کے کسی دوسرے افسانہ نگار کے یہاں نہیں ملتیں۔"

(مجنوں گورکھپوری، مضمون 'جدید نثر اردو، نیاز فتح پوری اور نئی نسل'، مشمولہ 'نگار' (نیاز نمبر) مرتبہ ڈاکٹر فرمان فتح پوری، پاکستان، ۱۹۶۳، ص ۱۰۲)

نیاز فتح پوری اپنے زور تخیل سے اپنے افسانوں کے لیے ایسا پس منظر تیار کرتے ہیں اور ایک ایسی حسین و دلکش وادی کی تخلیق کرتے ہیں جس میں حسن و عشق کی بیل کا پروان چڑھنا فطری معلوم ہوتا ہے۔ اس فضا کو اور بھی سازگار بنانے میں نیاز فتح پوری خوبصورت پس منظر اور ماحول کے ساتھ ساتھ ایسے کرداروں کی تخلیق کرتے ہیں جن کے دل و دماغ محبت کے جذبے سے سرشار ہوتے ہیں۔ ایسے افسانوں میں نیاز نے بہت ہی لطیف اور دلکش اسلوب اختیار کیا ہے۔ مکالمے بھی جذبات سے لبریز ہوتے ہیں۔ یہاں عشق اپنی انتہا پر ہوتا ہے۔ لیکن ایسے ماحول میں بھی نیاز فتح پوری کا قلم شہوانیت کا شکار نہیں ہوتا ہے۔ بلکہ ان کے عشق میں پاکیزگی نظر آتی ہے۔ نیاز فتح پوری کا مشہور افسانہ 'کیوپڈ اور سائکی' کا یہ اقتباس ملاحظہ فرمائیں:

"سائکی بے خبر پڑی سو رہی تھی، چادر اس کے سر د سینہ سے جدا تھی اور اسے یہ ہوش نہ تھا کہ ایک حریص آنکھ اسے دیکھ رہی ہے۔ اس لیے اپنا عریاں حصہ جسم چھپا کر اسے سمٹ جانا چاہیے، اس کے بال ہوا سے اڑ اڑ کر اس کی پیشانی اور چہرے پر آ رہے تھے اور اسے کچھ خبر نہ تھی کہ ایک غیر شخص اس منظر سے لطف اٹھا رہا ہے، اس لیے اپنے بال درست کر کے چہرہ پر نقاب ڈال لینا چاہیے۔

کیوپڈ نے اس سے قبل جب سائکی کو باغ میں دیکھا تو وہ بے نقاب ضرور تھی، مگر محو خواب نہ تھی، لیکن اسے کیا خبر تھی جب حسن سو جاتا ہے تو کیا ہو جاتا ہے اور جب لباس بے ترتیب اور بال برہم ہو جاتے ہیں تو ایک عورت کیا قیامت ہو جاتی ہے۔"

(نیاز فتح پوری، افسانہ 'کیوپڈ و سائکی'، 'نگارستان'، صدیق بک ڈپو، لکھنؤ، ۱۹۳۰، ص

(۴۸)

نیاز فتح پوری کی افسانہ نگاری پر رومانیت پوری طرح حاوی نظر آتی ہے۔ ان کا شعری مذاق جب ان کے افسانوی تخیل میں تحلیل ہوتا ہے تو اسے اور بھی دلچسپ بنا دیتا ہے۔ ان کے لیے دنیا کا ذرہ ذرہ رومان پرور ہے جو ہمارے احساسات کو عام زندگی کی سطح سے بلند کرتا ہے۔ نیاز فتح پوری کی شعریت اور ان کی شاعرانہ فطرت ان کے افسانوں کو نئے لطف سے ہمکنار کرتی ہے۔ نیاز فتح پوری صنف نازک کو اپنے افسانے کا مرکزی کردار بناتے ہیں اور اسے محبت کا مرکز تسلیم کرتے ہیں۔ ان کے افسانوں میں عورت ہر پہلو سے اپنے جلوے بکھیرتی نظر آتی ہے۔ نیاز فتح پوری کے افسانوں میں ایسی چیزیں نہیں پائی جاتی ہیں جن سے افسانے کی شعریات یا افسانے کا حسن مجروح ہو۔ ان کے افسانے حسن و عشق کے محور پر گردش کرتے ہیں۔ نیاز فتح پوری کا خیال ہے کہ عورت اور محبت ہی افسانے کی دلکشی اور دل فریبی کا سبب بن سکتی ہے۔ ان کے نزدیک عورت کے ذکر سے ہی کائنات میں حرارتیں اور سرمستیاں ہیں۔ وقار عظیم نے نیاز فتح پوری کے افسانوں کا جائزہ لیتے ہوئے ان کے افسانوں کی شعریت اور رنگینی کو موضوع گفتگو بنایا ہے اور ان کے تمام خصائص کی وجہ عورت کی ذات کو ٹھہرایا ہے۔ وقار عظیم اس سلسلے میں لکھتے ہیں:

"نیاز کے رومانی افسانوں کی جان، انھیں پر تاثیر بنانے والی قوت، ان میں شعریت اور رنگینی کی کیف آگینیاں شامل کرنے والی لطیف شے صرف عورت ہے۔ عورت کے نغمہ نے ان کے ہر لفظ کو، ہر جملہ کو، ہر قصہ کو رومانی اور رومانی سے زیادہ کیف آور بنانے میں مدد دی ہے۔ عورت کو انھوں نے جن جن طریقوں سے یاد کیا ہے اور ان کا ذکر کرتے وقت زبان نے جو کچھ کہا ہے اس سے رومانیت کا صحیح اندازہ لگایا جا سکتا ہے۔"

(وقار عظیم، مضمون 'رومانی افسانہ اور نیاز'، مشمولہ 'نگار' (نیاز نمبر) مرتبہ ڈاکٹر

فرمان فتح پوری، پاکستان، ۱۹۶۳، ص ۲۳۶)

نیاز فتح پوری کی تحریروں میں حسن اپنی پوری جلوہ سامانیوں اور تجلی ریزیوں کے ساتھ نمو پذیر ہوتا ہے اور عشق بھی اپنی تمام ترشدت کے ساتھ سامنے آتا ہے۔ نیاز کے رومانی تصورات میں عورت کلیدی کردار کی حامل ہے۔ عورت ہی نیاز کے لیے مرکز حسن ہے، وہی منبع حسن ہے اور حسن سوائے نسوانیت کے اور کچھ نہیں۔ نیاز فتح پوری کے نزدیک حسن کو عورت سے الگ کر کے نہ تو دیکھا جاسکتا ہے اور نہ ہی محسوس کیا جا سکتا ہے۔ یہاں تک کہ نیاز کی نگاہ جب کسی مادی شے پر پڑتی ہے تو اس میں بھی انھیں نسائیت کا احساس ہوتا ہے۔ انھوں نے حسن پر بہت غور و فکر کیا ہے اور اس نتیجے پر پہنچے ہیں کہ حسن کے تمام اسرار و رموز نسائیت میں ہی پنہاں ہیں۔ حسن کو نسائیت سے الگ کر کے نہیں دیکھا جا سکتا اور نہ ہی اس کے بنا حسن کا کوئی تصور ممکن ہے۔

نیاز فتح پوری عورت کو روشنی تسلیم کرتے ہیں، خوشبو مانتے ہیں، آلات موسیقی کا درجہ دیتے ہیں۔ انھوں نے بڑے ہی دلکش انداز میں لکھا ہے کہ :

"عورت ایک روحانیت ہے قابل لمس، نورانیت ہے صاحب نطق، ایک روشنی ہے جسے ہم چھو سکتے ہیں۔ ایک نکہت ہے جس سے ہم گفتگو کر سکتے ہیں۔ ایک حلاوت ہے جو ہاتھ سے چکھی جاتی ہے۔ ایک موسیقی ہے جو آنکھوں سے سنی جاتی ہے۔"

(نیاز فتح پوری، 'نگارستان'، صدیق بک ڈپو، لکھنؤ، ۱۹۳۰، ص ۷۹)

نیاز فتح پوری کے افسانوں میں بڑی جاذبیت اور دلآویزی ہے۔ انھوں نے اپنی قوت متخیلہ کے ذریعے جو تجسیم کاری اور صورت گری کی ہے اس میں زندگی ہے، حرارت ہے اور جوش بھی ہے۔ ان کی خلاقانہ صلاحیت اور فکری و فنی بصیرت نے نازک ترین تصورات اور لطیف ترین تخیلات کو بہت ہی جاذب پیرہن عطا کیا ہے۔ بعض اوقات ان

کے تخیل کی کار فرمائی اتنی عمیق ہوتی ہے کہ اس کی تہہ تک پہنچنا آسان نہیں ہوتا ہے۔ ان کے تخیل کی رفعت اور معنوی نزاکتیں عجیب لطف پیدا کرتی ہیں۔

نیاز فتح پوری مزاجاً رومانی اور جمالیاتی افسانہ نگار ہیں۔ نیاز کے افسانے جہاں رومانی رنگ و آہنگ سے معمور ہیں، وہیں ان کے افسانوں میں معاشرتی اور اصلاحی رنگوں کی آمیزش بھی دیکھنے کو ملتی ہے۔ رومانونیت اور اصلاح پسندی کا یہ میلان دراصل نیاز کی پہلو دار شخصیت اور ان کی رومانی اور فلسفیانہ افتادِ طبع کا نتیجہ ہے۔ ان کے رومانی افسانے ہوں یا اصلاحی ان میں اسلوب کے اعتبار سے یکسانیت پائی جاتی ہے اور یہ اسلوب ادبِ لطیف کا ہے۔ ہاں اتنا ضرور ہے کہ اصلاحی اور معاشرتی افسانوں کے اسلوب میں رومانی افسانوں کی بہ نسبت سادگی ضرور آجاتی ہے۔ مگر نیاز نے اپنے رنگِ خاص کو کبھی ترک نہیں کیا۔ کیونکہ نیاز فتح پوری کی افسانوی دنیا کی تمام تر رونقیں اور دلکشی رومانیت پسندی ہی میں مضمر ہیں۔ نیاز فتح پوری کے افسانوی جہان کا سب سے امتیازی وصف ان کا مخصوص طرزِ بیان ہے۔ اسی سحر انگیز اسلوب کے ذریعے انھوں نے اپنے افسانوں میں لطافت اور دلکشی پیدا کی ہے۔ موضوعات کے لحاظ سے نیاز کے افسانے کی زبان میں تبدیلی آتی جاتی ہے۔ جہاں وہ معاشرتی اور اصلاحی موضوعات پر خامہ فرسائی کرتے ہیں وہاں زبان سادہ اور سلیس ہو جاتی ہے اور جب محبت اور رومان پرور وادیوں کی سیر کراتے ہیں تو ایک طرح کی شوخی و سرمستی پیدا ہو جاتی ہے۔ تشبیہات و استعارات کے ذریعے شاعرانہ نثر نگاری کے جلوے بکھیرے جاتے ہیں۔ یہی وہ مقام ہے جہاں نیاز کے اسلوب کا اصل جوہر دیکھنے کو ملتا ہے۔ مجنوں گورکھپوری لکھتے ہیں:

"نیاز کے اسلوب میں بیک وقت ٹھہری ہوئی سنجیدگی اور سنبھلی ہوئی شوخی باہم ملی جلی ہوئی پائی جاتی ہے۔ یہ اسلوب ایسا معلوم ہوتا ہے کہ نازک سے نازک رنگین مسائل

پر شگفتگی اور دل آویزی کے ساتھ بحث کی جاسکتی ہے۔ موضوع کی خشکی یا تلخی کو اسلوبی کیفیتوں میں اس طرح لپیٹ لینا کہ محسوس نہ ہونے پائے، معمولی ہنر نہیں ہے۔ اردو نثر کی نئی نسل نے یہی انداز نیاز سے پایا اور جب تک اردو زبان کا کوئی ادبی مستقبل ہے، اس کے ادیبوں کی کوئی نئی نسل نیاز کے اسلوب کے اثر سے بے نیازی نہیں برت سکتی۔ اردو نثر کی تاریخ میں نیاز کا اسلوب ایک زندہ قوت ہے جس کے اثرات کبھی فنا نہیں ہو سکتے۔"

(مجنوں گورکھپوری، مضمون 'اردو نثر، نیاز اور نئی نسل'، مشمولہ 'نگار' (نیاز نمبر)، پاکستان، مرتبہ ڈاکٹر فرمان فتح پوری، ۱۹۶۳، ص ۱۰۴)

یہ حقیقت ہے کہ نیاز فتح پوری خالص رومانی اور جمالیاتی افسانہ نگار ہیں لیکن ایسا نہیں ہے کہ انھوں نے سماجی مسائل اور نفسیاتی کیفیات سے چشم پوشی کی ہو۔ نیاز فتح پوری نے سماجی اور نفسیاتی موضوعات پر بھی قلم اٹھایا اور بہترین افسانے تخلیق کیے۔ لیکن ان افسانوں پر بھی ان کا رومانی جذبہ غالب ہے۔ ان کا افسانوی اسلوب اپنے عہد کے دیگر افسانہ نگاروں سے منفرد ہے۔ نیاز فتح پوری کے افسانوں کو ہم جدید تنقیدی اصولوں پر نہیں پرکھ سکتے ہیں۔ ان کے افسانوں کے تعین قدر کے لیے ہمیں انھیں کے وضع کردہ اصولوں اور معیاروں کی جانب رجوع کرنا پڑے گا۔

٭٭٭

کوثر چاند پوری کی افسانہ نگاری

شاداب تبسم

حکیم سید علی کوثر کو ادبی دنیا میں کوثر چاند پوری کے نام سے یاد کیا جاتا ہے۔ اردو زبان کی چاشنی نے دیگر افراد کی طرح اطبا کو بھی بہت متاثر کیا ہے۔ اگر سترہویں صدی سے طبی تاریخ کا مطالعہ کیا جائے تو اکثر پیشے سے طبیب افراد ادب کے مریض بھی ہوئے ہیں اور انھوں نے اردو زبان و ادب کے فروغ میں کچھ نہ کچھ تعاون ضرور پیش کیا ہے۔ کوثر چاند پوری کا تعلق بھی طبابت سے تھا۔

مستند حکیم اور فکشن نگار کوثر چاند پوری کی پیدائش ۱۸/ اگست ۱۹۰۰ کو چاند پور میں ہوئی۔ ان کے والد سید علی مظفر نامور طبیب تھے۔ کوثر چاند پوری حصول تعلیم کے لیے ۱۴سال کی عمر میں بھوپال چلے گئے تھے۔ وہاں آصفیہ طبیہ کالج میں طب کی تعلیم پائی اور محکمۂ طبابت میں ملازم ہو گئے۔ ملازمت سے سبکدوشی کے بعد وہیں پریکٹس شروع کی۔ سبکدوشی کے وقت انچارج افسر الاطبا تھے۔ ۱۹۶۴میں دہلی منتقل ہو گئے۔ ۱۳/ جون ۱۹۹۰ کو انتقال ہوا اور جامعہ ملیہ اسلامیہ کے قبرستان میں مدفون ہوئے۔

کوثر چاند پوری میں زمانۂ طالب علمی ہی سے مضمون نویسی اور شعر گوئی کا ذوق پروان چڑھنے لگا تھا۔ معیاری رسائل اور نثری کتابوں کے مطالعے نے انھیں مضمون نگاری کی طرف راغب کیا۔ وہ شاعر، ادیب، مورخ، خاکہ نگار، صحافی، افسانہ نگار اور ناول

نگار کی حیثیت سے ہمارے سامنے آتے ہیں۔

کوثر چاند پوری کا تعلق افسانہ نگاروں کی اس نسل سے ہے جس میں معروف افسانہ نگاروں کے تابندہ اسما کی ایسی کہکشاں ملتی ہے جس نے افسانہ نگاری کا ایک معیار قائم کیا ہے اور جو پریم چند کے بعد فوراً منظر عام پر آئی۔ مثلاً کرشن چندر، راجندر سنگھ بیدی، منٹو، احمد علی، رشید جہاں، حیات اللہ انصاری، دیوندر ستیار تھی، سہیل عظیم آبادی، شوکت صدیقی، خواجہ احمد عباس، ابراہیم جلیس اور عزیز احمد وغیرہ کے علاوہ دیگر اسما کا ذکر کیا جا سکتا ہے۔ بقول فکر تونسوی:

"کوثر کا نام آتے ہی پریم چند کا تصور آتا ہے۔ جس مدرسۂ فکر کے حدیٰ خواں پریم چند تھے۔ کوثر بھی اسی تہذیب و تعمیر کے نقیب ہیں۔"

(بحوالہ وقار علم و حکمت، کوثر چاند پوری، ڈاکٹر ناز نین خان، ایجوکیشنل پبلشنگ ہاؤس، دہلی، ۲۰۱۵)

کوثر چاند پوری کے متعدد تنقیدی و تاثراتی مضامین کے علاوہ طب، ادب اطفال، انشائیہ، طنز و مزاح، رپورتاژ، سوانح اور فکشن کے تعلق سے مطبوعہ کتابوں کی تعداد ۱۸۱ ہے۔ بقول ڈاکٹر ناز نین خان:

"کوثر صاحب نے نثر کے میدان میں ادب کی ہر صنف میں طبع آزمائی کی۔ افسانے لکھے، انشائیوں کو گدگدایا، طنز کے تیر چلائے، طنز و مزاح سے چھیڑ چھاڑ کی، ناولوں کی دنیا آباد کی، رپورتاژ لکھے، تاریخ کے صفحات الٹے، تحقیق کی تہوں میں جھانکا، تنقید کے کوچے میں قدم رکھا اور سوانح کو موضوع بنایا۔" (ایضاً، ص ۲۰۴)

لیکن کوثر چاند پوری کا اصل میدان فکشن ہے جس کا ثبوت ان کے ۱۴ افسانوی مجموعے اور ۱۷ ناول ہیں۔ ان کا پہلا افسانوی مجموعہ 'دلگداز افسانے' کے عنوان سے ۱۹۲۹

میں منظر عام پر آیا۔ جسے انڈین پریس لکھنؤ نے شائع کیا، بقول رشید انجم:

"یہ پہلا افسانوی مجموعہ تھا جو بھوپال کی ادبی سرزمین سے کتابی شکل میں شائع ہو کر ملک کے طول و عرض کے اردو داں باذوق شائقین تک پہنچا تھا۔ اس سے قبل بھوپال سے کوئی افسانوی مجموعہ شائع نہیں ہوا تھا۔ اس لحاظ سے کوثر صاحب ہی بھوپال کے پہلے افسانہ نگار تسلیم کیے گئے۔"

(کوثر چاند پوری (مونوگراف)، رشید انجم، قومی کونسل برائے فروغ اردو زبان، نئی دہلی، ۲۰۱۳، ص ۳۵)

کوثر چاند پوری کے اولین مطبوعہ افسانے کے بارے میں نعیم کوثر کا خیال ہے:

"ان کا پہلا افسانہ 'گدازِ محبت' ماہنامہ 'پیام ہستی' امرتسر میں شائع ہوا۔"

(وقارِ علم و حکمت، کوثر چاند پوری، مضمون: ایک بے نیاز مفکر، محقق، ناقد، افسانہ نگار اور حاذق طبیب از قلم نعیم کوثر، ص ۲۲)

ظفر احمد نظامی 'گدازِ محبت' ہی کو پہلا مطبوعہ افسانہ قرار دیتے ہوئے لکھتے ہیں:

"ان کا پہلا افسانہ 'گدازِ محبت' کے عنوان سے ۱۹۲۶ میں امرتسر کے پیام ہستی نامی ادبی جریدے میں شائع ہوا۔"

(کوثر چاند پوری (مونوگراف)، ظفر احمد نظامی، ساہتیہ اکادمی، ۲۰۰۳، ص ۴۳)

پروفیسر نعمان خان کو لکھے ایک خط میں کوثر چاند پوری نے اپنی افسانہ نگاری کا آغاز ۱۹۲۲ لکھا ہے۔ جس کا ذکر نعمان خان نے اپنے تحقیقی مقالے 'بھوپال میں اردو انضمام کے بعد' میں کیا ہے۔

راقمہ کی نظر سے کوثر چاند پوری کی ایک تحریر گزری جس سے ان کے پہلے مطبوعہ افسانے کی تصدیق ہوتی ہے۔ لکھتے ہیں:

"میں اب تک گداز محبت کو اپنا پہلا افسانہ سمجھتا رہا جو امرتسر کے کسی رسالے میں نامکمل شائع ہوا تھا۔ لیکن پرانی کتابوں میں مجھے رسالہ 'الکمال' لاہور دسمبر ۱۹۲۴ کا فائل ملا ہے۔ اس کے ماہ دسمبر ۱۹۲۴ میں میرا پہلا افسانہ 'فضائے برشگال کا ایک تیر' شائع ہوا ہے۔ اسی کو میں اپنا پہلا افسانہ سمجھتا ہوں۔ جو آج سے ۵۴ سال قبل شائع ہوا تھا۔ رسالہ 'الکمال' ریاض شیرانی کی ادارت میں لاہور سے چھپتا تھا۔ میرا پہلا افسانہ کافی ترمیم و اصلاح کے بعد میرے پہلے افسانوں کے مجموعے 'دلگداز افسانے' میں شامل ہوا۔ لیکن 'الکمال' میں اصل صورت میں شامل ہوا تھا۔ میں وہی نقل کرا کر بھیج رہا ہوں تاکہ میری افسانہ نگاری کے اصل نقوش واضح ہوں اور پتہ چلے کہ ۵۴ سال کے طویل عرصہ میں میرے فن میں کتنی ترقی ہوئی ہے اور شعور میں کیا تبدیلیاں آئی ہیں۔"

(تعمیر ہریانہ، اکتوبر نومبر ۱۹۷۸، ص ۱۲)

کوثر چاندپوری کا قول ہمارے سامنے موجود ہے تو اسی کو مصدقہ مانتے ہوئے یہ بات وثوق کے ساتھ کہی جاسکتی ہے کہ ان کا اولین مطبوعہ افسانہ 'فضائے برشگال کا ایک تیر' ہے جو ۱۹۲۴ میں 'الکمال' میں شائع ہوا۔

۲۰۰ صفحات پر مشتمل مجموعے 'دلگداز افسانے' میں کل ۱۶ افسانے شامل ہیں۔ ان افسانوں میں دیہاتی معاشرت اور سماج سے منتخب موضوعات اور مسائل پر روشنی ڈالی گئی ہے۔ اس مجموعے کو مصنف نے مولوی عبدالصمد صاحب بلگرامی، تحصیلدار و مجسٹریٹ بھوپال کی نذر کیا ہے اور مقدمہ بھی خود مصنف نے ہی لکھا ہے۔ اس مجموعے کے مقدمے میں افسانہ نگاری کے سلسلے میں اپنا مقصد واضح کیا ہے۔ حالانکہ یہ ان کی افسانہ نگاری کا ابتدائی دور تھا۔ لیکن اس مقدمے کی روشنی میں ان کی افسانہ نگاری کے ابتدائی دور سے آخر تک کے فنی ارتقا کی پیمائش کی جاسکتی ہے۔ مقدمے میں لکھتے ہیں:

"ہماری منشا افسانہ نگاری سے صرف یہ ہونا چاہیے کہ ہم ایک بہترین اخلاقی روح کو 'حسن و عشق' کے ساتھ ملا کر ایسے اعتدال تک پہنچا دیں کہ ہمارے حواس میں ایسی ضیا اور تنویر پیدا کر دے کہ ہم دنیا کے ہر اندھیرے کو اس کی امداد سے طے کر جائیں۔ یہ مقصد اسی وقت پورا ہو سکتا ہے جب ہم ان سب اجزا کے اوزان اور تناسب کا لحاظ رکھیں۔ اگر اس تناسب پر نظر نہیں رکھی جائے گی تو یقیناً ہماری سب غرض فوت ہو جائے گی اور ہم اپنے مقصد اصلی سے دور جا پڑیں گے۔"

(کوثر چاندپوری ظفر احمد نظامی، ساہتیہ اکادمی، ۲۰۰۸، ص ۴۴)

دوسرا افسانوی مجموعہ 'دنیا کی حور' کے عنوان سے ۱۹۳۰ میں منظر عام پر آیا۔

دوسرے افسانوی مجموعے 'دنیا کی حور (۱۹۳۰)' میں شامل افسانے ہندوستانی معاشرت اور ثقافت کی عکاسی کرتے ہیں۔ افسانوں کے مطالعے سے مصنف کی فن افسانہ نگاری پر مضبوط پکڑ کا اندازہ ہوتا ہے اور وہ افسانہ نگاری میں کامیابی کے مراحل طے کرتے نظر آتے ہیں۔

تیسرا مجموعہ 'ماہ و انجم' عالمگیر بک ڈپو، لاہور سے ۱۹۳۷ میں شائع ہوا۔ اس مجموعے میں اکیس افسانے شامل ہیں۔ ان افسانوں سے فن افسانہ نگاری پر ان کی گرفت اور فکر و شعور میں پختگی کا ثبوت فراہم ہوتا ہے۔ یہاں پر معاشرے کی اہمیت پر زور دیتے ہیں اور فرد کو معاشرے کا حصہ سمجھ کر اس کی انفرادیت کو اہمیت نہیں دیتے۔

چوتھا افسانوی مجموعہ 'دلچسپ افسانے' ۱۹۳۸ میں جامعہ پریس دہلی سے شائع ہوا۔ ان افسانوں میں زندگی کے مسائل اور حقائق کو مختلف پہلوؤں سے دیکھا گیا ہے۔

پانچواں افسانوی مجموعہ 'دنیا کی حور اور دیگر افسانے' مکتبہ جدید لاہور سے ۱۹۳۸ میں شائع ہوا۔ اس میں ۱۹۳۰ میں شائع ہونے والے مجموعے کے افسانوں کے علاوہ

چند دوسرے افسانے دیباچہ کے ساتھ شامل کر دیے گئے ہیں۔

'گل ولالہ' افسانوی مجموعہ ۱۹۳۸ء ہی میں انوار احمدی پریس، الہ آباد سے شائع ہوا۔ اس میں کل ۱۳ افسانے شامل ہیں۔

۱۹۴۱ میں مجموعہ 'شب ناچے' کے عنوان سے انوار احمدی پریس، الہ آباد سے شائع ہوا۔ اس میں افسانوں کی تعداد ۲۲ ہے۔ جنسی موضوعات پر لکھے گئے افسانوں میں رنگینی ضرور ہے مگر فحاشیت بالکل نہیں۔ تمام افسانے جنسی، معاشرتی اور اخلاقی قدروں کے انحطاط سے انحراف کرتے ہیں۔

مجموعہ 'عورتوں کے افسانے' ۱۹۴۱ میں مکتبہ جدید، لاہور سے شائع ہوا۔ اس میں پندرہ افسانے شامل ہیں، جن میں خواتین کے وقار اور ان کی عظمت کو اجاگر کیا گیا ہے۔ عورتوں کی شناخت کے مختلف پہلوئوں کو قلم بند کر کے دلچسپ انداز میں پیش کیا گیا ہے۔

مجموعہ "رنگین سپنے' نفیس بک ڈپو، حیدر آباد سے ۱۹۴۱ میں شائع ہوا۔ اس میں آٹھ افسانے شامل ہیں۔

۱۹۴۴ میں مجموعہ 'لیل و نہار' (فسانۂ عجائب جدید افسانوی لباس میں) انوار احمدی پریس، الہ آباد سے شائع ہوا۔ مصنف نے 'فسانۂ عجائب' کو جدید افسانوی قالب عطا کیا ہے۔ 'فسانۂ عجائب' کی ادبی حیثیت سے انکار ممکن نہیں لیکن کوثر چاند پوری نے اس شاندار داستان کو یادگار بنادیا ہے۔

۱۹۴۴ میں مجموعہ 'اشک و شرر' کے عنوان سے دارالبلاغ، لاہور سے شائع ہوا۔ ان افسانوں کا انداز تحریر شگفتہ، اسلوب دلکش ہے اور پریم چند کی روایت کو آگے بڑھاتے ہوئے نظر آتے ہیں۔

مجموعہ 'شعلۂ سنگ' ہمدرد اکیڈمی، کراچی سے ۱۹۶۳ میں شائع ہوا۔ اس میں ۱۸

افسانے شامل ہیں۔

۱۹۶۳ میں نسیم بک ڈپو، لکھنؤ سے شائع ہونے والے مجموعے 'رات کا سورج' میں ۲۹ افسانے شامل ہیں۔

'آوازوں کی صلیب' کو حلقۂ فکر و شعور دہلی نے ۱۹۷۳ میں شائع کیا۔ اس مجموعے میں شامل افسانوں کی کل تعداد اٹھائیس ہے۔ 'آوازوں کی صلیب' پر اپنی رائے کا اظہار کرتے ہوئے پاکستانی ادیب انور سدید لکھتے ہیں:

'آوازوں کی صلیب' ان کے اٹھائیس افسانوں کا مجموعہ ہے۔ اور اس میں وہ قاشیں جمع کی ہیں جن پر دوسرے افسانہ نگاروں کی نظر نہیں پہنچ سکی۔ 'میرا پیشہ'، 'قلزم خون'، 'قلم الٰہی'، 'دودھ کی شیشی'، 'لذت سنگ' وغیرہ چند ایسے افسانے ہیں جنھیں بہت عرصے پہلے میں نے مختلف رسائل میں پڑھا تھا اور کوثر چاند پوری کا نام آتے ہی لوح دماغ پر اتر آئے ہیں۔"

(اوراق، لاہور، اپریل ۱۹۷۵، ص ۳۵)

اس طرح ۱۹۲۹ سے ۱۹۷۳ تک ان کے افسانوی مجموعوں کی تعداد چودہ (۱۴) ہو جاتی ہے۔ ان کے ریڈیائی افسانوں کو بھی بہت پسند کیا گیا۔ ان کے فرزند نعیم کوثر صاحب کا (کوثر چاند پوری کی ڈائری کے حوالے سے) کہنا ہے کہ انھوں نے تقریباً تئیس سال تک آل انڈیا ریڈیو سے اپنی کہانیاں سنائیں جو ۷۵ کے قریب ہیں۔ دہلی منتقل ہونے کے بعد خارجہ سروس میں کئی افسانے براڈ کاسٹ ہوئے۔ جن کی پسندیدگی پر بے شمار خطوط ریڈیو اسٹیشن کو موصول ہوئے تھے۔ بقول ڈاکٹر نازنین خان:

"ہمدرد صحت دلی میں ۱۹۲۶ سے پچاس سال آگے تک کوثر چاند پوری کے ۴۳۵ افسانے شائع ہوئے۔"

(وقار علم و حکمت، کوثر چاند پوری، ص ۷۱)

کوثر چاند پوری نے زندگی کو بہت قریب سے دیکھا اور اس کے تئیں ان کا رویہ ترقی پسندانہ رہا۔ ترقی پسند فکر کی قربت اور اثر کی صورت جو کوثر چاند پوری کے یہاں دیکھنے کو ملتی ہے، وہ پریم چند کے اثر سے ہندوستانی گائوں اور دیہاتی زندگی سے حاصل کردہ افسانوی مواد ہے جس کو وہ بڑی ہنر مندی سے استعمال کرتے ہیں۔ وہ کبھی کسی مخصوص ادبی نظریے کے قائل نہیں رہے۔ نہ کسی ادبی گروہ میں شامل ہوئے۔

کوثر چاند پوری کے افسانوں میں پلاٹ عموماً بہت مختصر ہوتا ہے۔ کردار انتہائی شریف اور نیک یا انتہائی بدباطن۔ مثلاً افسانہ 'بھٹکا ہوا خط' کا کردار عبد اللہ خاں اور افسانہ 'چھوٹی آنکھیں' کا کردار شیخ منیر میں کوئی خوبی نظر نہیں آتی۔ کمال بیگ افسانہ 'چھوٹی آنکھیں'، منگلا افسانہ 'نچلی منزل'، حمیدن بوا افسانہ 'حیوان کی پگڈنڈی'، کریم افسانہ 'بابا کریم' کے ایسے کردار ہیں جن میں کوئی برائی کوئی عیب نہیں۔ واقعات اچانک تبدیل ہو جاتے ہیں۔ افسانوں کے مطالعے سے اس بات کا اندازہ بھی ہوتا ہے کہ کہیں کہیں ضروری باتوں کو سمیٹ کر کہتے ہیں اور غیر ضروری مقامات پر تفصیل سے چلے جاتے ہیں۔ جس سے افسانوں کی تاثیر دھندلا سی جاتی ہے۔

کامیاب افسانے کی ایک خوبی اختصار بھی ہے۔ بنیادی کردار یا تاثر ابھارنے کے لیے جتنا کچھ کہنا ضروری ہو اس کے علاوہ کوئی بھی غیر ضروری جملہ افسانے کی خامی میں گنا جاتا ہے۔ کوثر چاند پوری کے افسانے پڑھتے وقت بعض اوقات محسوس ہوتا ہے کہ قلم پر ان کا قابو نہیں رہ جاتا اور افسانہ طوالت کا شکار ہو جاتا ہے۔ اکثر افسانوں میں اتنے مسائل زیر بحث آئے ہیں کہ افسانے کا مرکزی خیال مجروح ہو جاتا ہے۔ اس ضمن میں 'چہرہ'، 'بھٹکا ہوا خط'، 'ٹھیلے والے'، 'دھندلا پرچم'، 'کیلے کا چھلکا' اور 'نچلی منزل' وغیرہ افسانوں کی مثال

دی جاسکتی ہے۔ اسی قسم کی کوشش افسانہ 'دنیا کی حور' میں بھی نظر آتی ہے۔ ۱۰۱ صفحات پر مشتمل افسانے میں کئی مسائل، واقعات اور بہت سے کرداروں کو متعارف کرانا اور بہت کچھ کہنے کی کوشش مختصر افسانہ نہیں بن سکتی بلکہ میری نظر میں اس کو Novellete (ناولٹ یاناولچہ) کہا جاسکتا ہے۔

کوثر چاندپوری نے اپنے قلم پر کسی قسم کا لیبل نہیں لگایا۔ انھوں نے جاگیردار، جمع دار، مستری، غنڈے، تانگے والے، مکان مالک، باورچی، موٹر ڈرائیور، وزیر، ملازمت پیشہ، ڈاکٹر، بے کار نوجوان، ٹھیلے والے مہاجر اور اسی قسم کے نہ جانے کتنے کردار ڈھالے ہیں۔ موضوعات کی بھی ان کے پاس کمی نہیں ہے۔ اپنی بات بے باکی سے وضاحت کے ساتھ کہنے پر قادر ہیں۔ زبان و بیان کی غلطیاں نہیں بے عیب اور شگفتہ نثر کا نمونہ سامنے آتا ہے۔ حکمت کے پیشے سے ان کی وابستگی کے طفیل کچھ ایسے تجربات میں قاری کی شرکت ہو جاتی ہے جو اپنے اندر لطف و لذت کی کیفیت کے ساتھ درد و کسک بھی رکھتے ہیں۔ 'ید بیضا'، 'ریزے ہی ریزے'، 'سسٹر'، 'مہکتا نوٹ'، 'بھٹکا ہوا خط'، 'گنڈا سنگھ' اور 'خون کی قیمت' جیسے افسانوں میں طبی نکات دلچسپ انداز میں اجاگر کرتے ہیں۔ تشبیہات کی اختراع اور منظر کشی پر بھی ان کو عبور حاصل ہے۔ جن کی مثالیں افسانے 'چھوٹی آنکھ'، 'بھٹکا ہوا خط'، 'ہوں ہوں ہنگا'، 'کیلے کا چھلکا'، 'اندھیرے میں روشنی'، 'حصار' اور 'جنم' میں ملتی ہے۔ ان کے افسانوں کی انھیں خوبیوں کی طرف اشارہ کرتے ہوئے پروفیسر مظفر حنفی لکھتے ہیں:

"زبان و بیان پر ان کی استادانہ گرفت، پھر نادر تشبیہات گھڑنے کی قدرت، منظر کشی کا یہ سلیقہ، جزئیات نگاری کا یہ کمال، سماج کے ہر اونچ نیچ کو دیکھتے رہنے والی نگاہ اور مدتوں کے فنی ریاض کی عطا کردہ یہ چابک دستی کوثر چاندپوری کو ہمارے عہد کا اہم افسانہ

نگار بنانے کے لیے کافی ہے۔"(پروفیسر مظفر حنفی، طب یونانی اور اردو زبان و ادب، ص ۱۰۴)

اس طرح ہم دیکھتے ہیں کہ کوثر چاند پوری کی افسانہ نگاری کی عمر نصف صدی سے زائد ہے۔ ان کی کہانیوں میں افسانویت بھی ہے اور عصریت بھی۔ افسانوں کے کردار جس نوع کے ماحول میں پلتے بڑھتے اور سانس لیتے نظر آتے ہیں اور اپنے عہد کے مزاج اور طبعی میلان کی جس طرح نمائندگی کرتے ہیں ان کی مدد سے اس عہد کی ذہنی و جذباتی تاریخ مرتب کی جاسکتی ہے۔

پروفیسر نعمان خاں کوثر چاند پوری کے ناولوں اور افسانوں کے تعلق سے رقم طراز ہیں:

"کوثر صاحب قصہ گوئی کے فن پر مکمل عبور رکھتے ہیں۔ وہ ادب برائے ادب کے قائل نہیں بلکہ ان کے ناولوں اور افسانوں میں حقیقی زندگی کی جھلکیاں نظر آتی ہیں۔ انھوں نے ایک ماہر نباض کی طرح سماجی مسائل کو موضوع بنا کر بطور علاج ان کا حل پیش کرنے کی سعی کی ہے۔"

(بھوپال میں اردو انضمام کے بعد، ص ۱۴۳)

٭٭٭

مجنوں گورکھپوری کی افسانہ نگاری
ڈاکٹر ثاقب عمران

احمد صدیق مجنوں گورکھپوری ۱۰ مئی ۱۹۰۴ کو مشرقی یوپی کے ضلع بستی، تحصیل خلیل آباد میں پیدا ہوئے۔ انھوں نے اپنے مضمون "مجھے نسبت کہاں سے ہے" میں اس سلسلے میں خامہ فرسائی کی ہے۔ یہ مضمون پہلے پہل رسالہ نقوش لاہور ۱۹۶۴ کے شخصیات نمبر میں شائع ہوا، بعد ازاں 'ادب اور زندگی' میں بھی اسے شامل کر لیا گیا۔ مجنوں گورکھپوری نے شاعری بھی کی اور افسانے بھی لکھے، لیکن اردو ادب میں ان کی بنیادی پہچان ترقی پسند نقاد کی حیثیت سے نمایاں ہے۔ ان کی تنقید نگاری کے سلسلے میں بہت کچھ لکھا جا چکا ہے لیکن بطور افسانہ نگار وہ ناقدین کی توجہ کم ہی مبذول کرا سکے۔ مجنوں گورکھپوری کے زیادہ تر افسانے ۱۹۲۵ سے ۱۹۳۵ کے درمیان شائع ہوئے۔ جس میں سے بیشتر افسانے انھوں نے ۱۹۲۹ تک لکھ لیے تھے۔ ۱۹۳۵ کے بعد ترقی پسند تحریک کا دور شروع ہوتا ہے۔ ترقی پسند تحریک سے وابستہ ہونے کے بعد مجنوں گورکھپوری نے مضامین اور تنقیدیں تو لکھیں لیکن ان کے افسانے خال خال ہی نظر آتے ہیں۔

میری تحقیق کے مطابق مجنوں گورکھپوری کے صرف تین افسانوی مجموعے منظر عام پر آئے ہیں۔ ان میں سے پہلے دو مجموعے 'خواب و خیال' اور 'سمن پوش' کی اشاعت مجنوں گورکھپوری کی نگرانی میں ہی 'ایوان اشاعت' گورکھپور سے ہو چکی تھی۔ تیسرا

افسانوی مجموعہ 'مجنوں کے افسانے' کے عنوان سے ان کے علی گڑھ تشریف لانے کے بعد شائع ہوا۔ یہ مجموعہ چند افسانوں کا انتخاب ہے جسے مجنوں گورکھپوری نے حالی پبلشنگ ہاؤس، دہلی کے روح رواں جناب اظہر عباس صاحب کی خواہش پر کیا تھا۔ انھوں نے اس انتخاب پر جو مقدمہ لکھا تھا اس پر ۵/ اکتوبر ۱۹۳۵ کی تاریخ درج ہے۔ جس سے اندازہ ہوتا ہے کہ یہ مجموعہ پہلی مرتبہ ۱۹۳۵ کے آخری مہینوں میں شائع ہوا تھا۔ میرے اس مضمون کا محرک ان کا یہی تیسرا افسانوی مجموعہ ہے۔ اس کتاب کی شان نزول کے بارے میں مجنوں گورکھپوری لکھتے ہیں:

"۔۔۔حالی پبلشنگ ہاؤس، دہلی کے کارفرما جناب خواجہ اظہر عباس صاحب بی اے (علیگ) نے مجھ سے یہ فرمائش کی کہ میں ان کو اپنی کوئی کتاب شائع کرنے کے لیے دوں۔ میں نے فوراً اپنے ضخیم مجموعے سے کل مختصر افسانے علیحدہ کر کے ان کے حوالے کر دیے۔ نہ صرف اس لیے کہ اس طرح مجھے کچھ رقم مل گئی بلکہ بالخصوص اس لیے کہ ایک حوصلہ مند نوجوان کا ادبی حوصلہ پورا ہو رہا ہے، اور میرے بعض افسانوں کی اشاعت ہوئی جاتی ہے۔ یہ ہے اس مجموعے کی شان نزول۔"[1]

کسی کتاب کا مطالعہ کرتے ہوئے مجنوں گورکھپوری کی ایک تحریر پر نظر پڑی تھی جس میں انھوں نے اپنے افسانوں کا ذکر کیا تھا۔ انھوں نے لکھا تھا کہ ۱۹۳۰ کے آس پاس وہ بحیثیت افسانہ نگار مشہور تھے۔ ان کے اس جملے نے مجھے جامعہ ملیہ اسلامیہ اور دہلی کی دیگر لائبریریوں کے چکر بھی لگوائے لیکن مجنوں گورکھپوری سے متعلق افسانوں کا سرا ہاتھ نہیں آ رہا تھا۔ اس واقعے کے کچھ وقت بعد عالمی کتاب میلہ ۲۰۱۴ دہلی میں منعقد ہوا۔ وہاں پر مجھے عالمی میڈیا پرائیویٹ لمیٹڈ کے اسٹال پر 'مجنوں کے افسانے' کے عنوان سے ایک پاکٹ سائز کتاب نظر آئی۔ میں نے اسے شوق سے اٹھایا تو یہ مجنوں گورکھپوری

کا تیسرا افسانوی مجموعہ تھا۔ اس افسانوی مجموعے کے مل جانے کے بعد میں نے ایک مرتبہ پھر سے مجنوں گورکھپوری کے افسانوں کو تلاش کرنے کا ارادہ کیا اور پہلی مرتبہ یہ دیکھنے کی کوشش کی کہ ان پر کیا کچھ کام ہو چکا ہے۔ ڈاکٹر شاہین فردوس کی ایک کتاب 'مجنوں گورکھپوری: حیات اور ادبی کارنامے' کے عنوان سے ایجوکیشنل بک ہاؤس علی گڑھ نے ۲۰۰۱ میں شائع کی ہے۔ یہ کتاب شاہین فردوس کا پی ایچ ڈی کا مقالہ ہے۔ مقالے کا ایک حصہ جو تقریباً ۳۷ صفحات کو محیط ہے، مجنوں گورکھپوری کی افسانہ نگاری کے لیے مختص کیا گیا ہے۔ اس حصے کا مطالعہ کرنے کے بعد اندازہ ہوا کہ شاہین فردوس کی رسائی پہلے دو مجموعوں یعنی "خواب و خیال" اور "سمن پوش" تک تو ہو گئی تھی لیکن تیسرا افسانوی مجموعہ ان کی دسترس سے باہر تھا۔ ممکن ہے کہ ان کے علم میں نہیں رہا ہو اور یہ بھی ہو سکتا ہے کہ تلاش و جستجو کے بعد بھی تیسرے مجموعے تک رسائی نہ ہو سکی ہو۔ اس مجموعے میں کل آٹھ افسانے شامل ہیں۔ (۱) بتیا (۲) گہنا (۳) حسنین کا انجام (۴) مراد (۵) جشن عروسی (۶) بڑھاپا (۷) کلثوم (۸) محبت کا دم واپسیں۔ ان آٹھ افسانوں میں سے ابتدائی چار افسانوں کا ذکر تو شاہین فردوس نے بھی اپنے مقالے میں کیا ہے جو غالباً پہلے دونوں افسانوی مجموعوں میں شامل رہے ہوں گے لیکن آخر کے چار افسانوں کا ذکر ان کے مقالے میں نہیں ملتا اور نہ ہی انھوں نے اپنے مقالے میں تیسرے افسانوی مجموعے کا کہیں ذکر کیا ہے۔ پہلے چار افسانوں کے تعلق سے میں نے لکھا ہے کہ 'غالباً' یہ افسانے پہلے دو مجموعوں یعنی 'خواب و خیال' اور 'سمن پوش' میں شامل ہوں گے۔ 'غالباً' اس لیے لکھا کہ ابھی تک میری رسائی ان مجموعوں تک نہیں ہو سکی ہے لیکن شاہین فردوس کے مقالے میں ابتدائی چار افسانوں کا ذکر میری بات کو قوی بناتا ہے۔ خیر جب بات ڈاکٹر شاہین فردوس کے تحقیقی مقالے پر آ ہی گئی ہے تو صرف اتنا کہنا چاہوں گا کہ ان

کے اس تحقیقی کام کے بعد بھی مجنوں گور کھپوری کی افسانہ نگاری پر ایک اچھے اور بھرپور کام کی ضرورت باقی ہے۔ جیسا کہ میں نے اس سے پہلے بھی عرض کیا ہے کہ یہ شاہین فردوس کا پی ایچ ڈی کا مقالہ تھا اور پی ایچ ڈی یا دیگر مقالے جو کسی خاص بندھے ٹکے اصول کے تحت لکھے جاتے ہیں ان میں مقالہ نگار کو بعض اوقات آزادی سے کام کرنے کا موقع نہیں ملتا اور اس کے لیے اصول و ضوابط کی پابندی لازمی ہوتی ہے۔ بہر حال شاہین فردوس کے مقالے پر مزید گفتگو نہ کرتے ہوئے ہم اصل موضوع کی طرف آتے ہیں۔

مجنوں گور کھپوری نے 'مجنوں کے افسانے' میں 'شان نزول' کے عنوان سے مقدمہ بھی لکھا ہے۔ مقدمہ میں وہ اپنے افسانوں کے متعلق لکھتے ہیں:

"مجھے ارمان تھا اور میں اس کا اہتمام بھی کر رہا تھا کہ اب میرے جتنے مختصر اور طویل افسانے مختلف رسائل میں منتشر پڑے رہ گئے ہیں، ان کو بڑی تقطیع پر، یکجا کرکے شائع کر دیا جائے۔ یہ کتاب اگر وجود میں آتی تو ۸۰۰ صفحات سے کم ضخیم نہ ہوتی۔ لیکن ضعیف البنیان انسان کا ارادہ ہی کیا؟ سوچتا کچھ ہے اور ہو تا کچھ ہے۔" ۲

مجنوں گور کھپوری کے درج بالا اقتباس سے اندازہ ہوتا ہے کہ انھوں نے مختصر سی مدت میں کتنی کثیر تعداد میں افسانے لکھے ہیں۔ بہر حال ان کے تمام افسانے ابھی رسائل تک ہی محدود ہیں جن کو کتابی صورت میں شائع کرنے کا عمل ابھی باقی ہے۔ ایسا کیوں ہوا کہ اپنے جن افسانوں کو یکجا کرنے کی ابتدا مجنوں گور کھپوری نے کی تھی اور کتابی صورت میں شائع کرنے کا ارادہ رکھتے تھے وہ مرحلہ طے نہ ہو سکا۔ اس سلسلے میں وہ اپنے مقدمہ میں لکھتے ہیں:

"۔۔۔ میرے اس ضخیم مجموعہ کی کتابت شروع ہو چکی تھی اور ڈیڑھ سو صفحات لکھے جا چکے تھے کہ وہ بے درد و سفاک قوت جس کو عرف عام میں 'آب و دانہ' کہتے ہیں خلاف

توقع مجھے کشاں کشاں کر کے علی گڑھ لے آئی اور اس طرح میں اپنے ارادوں کو ارادہ کے ساتھ ملتوی بھی نہ کر سکا۔ اس کی مہلت بھی نہ ملی کہ 'ایوان' اور 'ایوان اشاعت' کے التوا کا اعلان کر سکتا۔ چنانچہ اکثر احباب کو اس کی مطلق خبر نہیں ۔

وہ جو بیچتے تھے دوائے دل وہ دکان اپنی بڑھا گئے ۳

درج بالا اقتباس سے معلوم ہوتا ہے کہ 'ایوان اشاعت' جہاں سے ان کے پہلے دو مجموعے اشاعت پذیر ہوئے وہ مجنوں گورکھپوری کا ہی ادارہ تھا۔ ساتھ ہی مجنوں اس ادارے سے 'ایوان' رسالہ بھی شائع کرتے تھے جس کے مدیر وہ خود تھے۔ یہی وجہ ہے کہ انھیں اشاعت کے التوا کا اعلان نہ کرنے کا قلق تھا۔ رزق کے لیے گورکھپور چھوڑنا ان کے لیے تکلیف دہ عمل تھا۔ وہ اپنے وطن سے حد درجہ محبت کرتے تھے۔ اس لیے وہ گورکھپور واپس جانے کے خواہش مند بھی رہتے تھے۔ وہ لکھتے ہیں:

"۔۔۔ مجھے گورکھپور چھوڑنا پڑا اور گورکھپور سے الگ ہو کر میں کوئی ایسی سنجیدہ زندگی بسر نہیں کر سکتا جس کو شعر و ادب کی زندگی کہتے ہیں اور جس کو ایک نقاد شعر ایک 'لطیف دیوانگی' بتاتا ہے۔ میں یہ نہیں کہہ سکتا کہ میرا یہ ادبی جمود ہمیشہ قائم رہے گا اس لیے کہ گورکھپور واپس جانے کی آرزو میرے اندر اسی قدر موجود ہے جس قدر کہ ہارڈی کے مشہور ناول "The Return of the Native" کے ہیرو Clym اور خود میرے افسانے 'بازگشت' کے ہیرو ادریس کے اندر موجود تھی اور بہت ممکن ہے کہ میں ان ہی دونوں کی طرح پھر گورکھپور واپس جاؤں، چاہے وہ مٹ جانے کے لیے ہی کیوں نہ ہو۔ لیکن فی الحال تو میں گورکھپور میں نہیں ہوں اور 'ایوان' اور 'ایوان اشاعت' کا کاروبار بند ہے۔"۴ ۔

مجنوں گورکھپوری کی افسانہ نگاری کی جانب مائل ہونے کی وجہ بھی دلچسپ ہے۔

دراصل نیاز فتحپوری کا ایک افسانہ 'شہاب کی سرگزشت' رسالہ نگار میں قسط وار شائع ہو رہا تھا۔ مہدی افادی کی صاحب زادی جمیلہ بیگم کو یہ افسانہ حد درجہ پسند تھا لیکن مجنوں گورکھپوری کو افسانے میں کوئی افادیت کا پہلو نظر نہیں آیا اس لیے ان کی رائے اس افسانے کے متعلق اچھی نہیں تھی۔ ایک ملاقات میں 'شہاب کی سرگزشت' پر گفتگو شروع ہوئی تو مجنوں گورکھپوری نے اپنی رائے کا اظہار جمیلہ بیگم کے سامنے بھی کر دیا۔ ردعمل میں جمیلہ بیگم نے طنزاً کہا کہ 'یہ سب تو نہ لکھ سکنے کی تاویلیں ہیں، میں جب جانوں کہ جب آپ بھی کوئی ایسا ہی بے نتیجہ افسانہ لکھ دیں۔' نتیجتاً مجنوں گورکھپوری نے اسی رات اپنا پہلا افسانہ 'زیدی کا حشر' کا کچھ حصہ لکھ ڈالا اور اگلے روز جمیلہ بیگم کے سامنے پیش کر دیا۔ ان ہی دنوں نیاز فتح پوری گورکھپور تشریف لائے ہوئے تھے۔ انھوں نے مجنوں گورکھپوری کا ادھورا افسانہ پڑھا تو ان سے افسانہ مکمل کرنے کی درخواست کی اور مسودہ اپنے ساتھ کانپور لے آئے جسے انھوں نے رسالہ 'نگار' میں بالاقساط شائع کیا۔ ۵

مجنوں گورکھپوری کا یہ پہلا افسانہ تھا۔ اس کے بعد انھوں نے نیاز فتح پوری کی تحریک پر بہت سے افسانے قلم بند کیے۔ اس سلسلے میں لکھتے ہیں:

"۔۔۔ میں نے اول اول اپنی زندگی کا نصب العین کچھ اور بنایا تھا، لیکن انسان اپنی قسمت سے مجبور ہے۔ نیاز صاحب نے تحریک کی اور میں نے افسانہ نگاری شروع کر دی اور آج صرف افسانہ نگار مشہور ہوں۔"٦

مجنوں گورکھپوری کے افسانوں میں مغربی افسانوں کی جھلک بہت ملتی ہے۔ اس کی وجہ یہ تھی کہ انھوں نے مغربی افسانوں کا وسیع مطالعہ کیا تھا۔ ان کے ایسے افسانوں کی تعداد بھی زیادہ ہے جو کسی نہ کسی سطح پر مغربی افسانوں سے ماخوذ ہیں۔ اس کا اعتراف مجنوں گورکھپوری بھی کرتے تھے۔ لیکن اس کا مطلب یہ ہرگز نہیں کہ ان کے ایسے تمام

افسانے مغربی افسانوں کا ترجمہ ہیں۔ اس مجموعے میں شامل افسانہ 'جشن عروسی' بائرن کے افسانے "The Bride of Abydos" کا آزاد ترجمہ ہے۔ اس کے علاوہ دیگر افسانوں کے متعلق خود مجنوں گورکھپوری نے 'شان نزول' میں تحریر کیا ہے کہ وہ کسی نہ کسی سطح پر مغربی افسانوں کے اثرات لیے ہوئے ہیں اور اگر ان کا کوئی افسانہ طبع زاد بھی ہے تو اس کے متعلق لکھتے ہیں کہ:

"۔۔۔ دعوے کے ساتھ یہ نہیں کہہ سکتا کہ اس میں میرے مطالعے کی کوئی آمیزش نہیں ہے۔"ے

'شان نزول' میں مجنوں گورکھپوری نے 'مجنوں کے افسانے' میں شامل تمام افسانوں پر تھوڑی تھوڑی خامہ فرسائی بھی کی ہے۔ اس کتاب میں شامل افسانوں میں تین کے علاوہ دیگر افسانے ۱۹۲۹ سے پہلے قلم بند کیے گئے تھے۔ دراصل ۱۹۲۹ کے بعد مجنوں گورکھپوری نے افسانے لکھنے کم کر دیے تھے۔ انھوں نے اس کی کوئی خاص وجہ تو نہیں بیان کی ہے، بس ایسا لگتا ہے جیسے ان کا جی افسانہ خلق کرنے پر مائل نہ ہو اور اپنا آپ ظاہر کرنے کے لیے کسی دوسری صنف کی تلاش میں بھٹک رہا ہو۔ وہ لکھتے ہیں:

"اس مجموعے میں جتنے افسانے شامل ہیں ان میں سے تین کو چھوڑ کر باقی سب ۱۹۲۹ سے پہلے کے لکھے ہوئے ہیں اور ایسے زمانے کی یادگار ہیں جب کہ میرا ادبی نشہ عروج پر تھا، جب کہ میرے قویٰ میں اضمحلال کی کوئی علامت نمودار نہیں ہوئی تھی جو ۱۹۲۹ کے بعد دھیرے دھیرے مجھ پر چھاتا گیا۔ اب میں اپنے اندر وہ کیف و نشاط نہیں پاتا جس کو اب سے چند سال پیشتر میں اپنی دولت لازوال سمجھ رہا تھا۔ یہی وجہ ہے کہ اب جو کام کرتا ہوں اس میں ایک قسم کی بے دلی اور بے حوصلگی پائی جاتی ہے۔ میرے بعض پڑھنے والوں کو مجھ سے شکایت ہے جو ایک لحاظ سے بجا ہے۔ یعنی اب میرے افسانے

اتنے ولولہ خیز اور ذوق انگیز نہیں ہوتے جتنا کہ پہلے ہوتے تھے۔ یہ کہنا بڑی حد تک صحیح ہے کہ اب میں جو کچھ لکھتا ہوں اس میں وہ پختگی جس قدر بھی ہو، جو محض عمر اور مشق کے تجربہ سے پیدا ہو جاتی ہے لیکن اس 'حسن خیال' اور اس شوخی تحریر کا دور تک پتہ نہیں جو صرف جوانی کی روحانیت اور شوریدہ سری کا تقاضا ہوا کرتی ہے۔ یہ انحطاط بھی ہے اور ارتقا بھی۔"۸

طبیعت میں تبدیلی کا واقع ہونا فطری بات ہے۔ عموماً قلم رکنے کے بعد جب طبیعت پھر سے بحال ہوتی ہے تو مصنف اسی ادب پارے یا فن پارے میں لوٹنا چاہتا ہے جس میں وہ طبع آزمائی کرتا رہا ہے۔ لیکن یہاں معاملہ اس کے برعکس نظر آتا ہے۔ مجنوں گورکھپوری نے جب تک افسانہ نگاری کو اپنا بنائے رکھا تب تک انھوں نے خوب افسانے لکھے لیکن پانچ سال کے اندر ہی اس صنف سے ان کی دلی وابستگی برقرار نہیں رہی۔ ویسے بھی وہ ابتداً افسانہ نگار نہیں بننا چاہتے تھے۔ شاید یہی وجہ ہے کہ ان کا ذہن دھیرے دھیرے اس صنف سے دوری بناتا گیا اور آخرکار انھوں نے افسانہ نگاری کو چھوڑ کر تنقید کو اپنا میدان خاص بنالیا۔ شاید ان کی طبیعت کے لیے تنقید کا میدان ہی موزوں تھا۔ فراق گورکھپوری اور ان کے بعض دیگر دوستوں نے بھی انھیں تنقید کو ہی اولیت دینے کا مشورہ دیا۔ طبیعت کی موزونیت اور دوستوں کے مشورے ہی تھے کہ آج ہم مجنوں گورکھپوری کو بطور افسانہ نگار نہیں بلکہ ایک نقاد کی صورت میں جانتے اور پہچانتے ہیں۔ مجنوں گورکھپوری اس سلسلے میں رقم طراز ہیں:

"گذشتہ چند سال سے میں تنقیدیں زیادہ لکھ رہا ہوں اور افسانہ نگاری کی طرف میلان کم رہا ہے، یہ کوئی اضطراری حرکت نہیں تھی بلکہ اس کے مختلف اسباب تھے جس کی تفصیل و تشریح بے کار ہی ثابت ہوگی۔ اس ذکر کو چھیڑنے سے میرا ایک خاص مقصد

تھا۔ میرے بعض احباب نے جن میں بابو رگھوپتی سہائے کا نام خاص طور پر قابل ذکر ہے حال میں میرے متعلق اس خیال کا اظہار کیا ہے کہ تنقید ہی میرا غیر فانی ادبی کارنامہ ہے۔۔۔ ان لوگوں کی رائے میں جو چیز میرا نام زندہ رکھے گی وہ تنقید ہی ہوگی۔"۹

انسان کی فطرت میں شامل ہے کہ وہ ان ہی چیزوں کے مشورے دیتا ہے جس میں اسے امکانات نظر آتے ہیں۔ فراق اور دیگر احباب کے مشورے اپنی جگہ لیکن بہت سے احباب ایسے بھی تھے جنھوں نے مجنوں کو مشورہ دیا تھا کہ وہ افسانے کے علاوہ کچھ نہ لکھیں۔ دوستوں کے ان دو گروہوں کے درمیان کون صحیح ہے اور کون غلط، مجنوں گورکھپوری نے اس کا فیصلہ نہیں کیا ہے اور انھیں کرنا بھی نہیں چاہیے تھا۔ لیکن انھوں نے افسانہ نگاری اور تنقید نگاری کے ضمن میں ایک اہم بات کی جانب اشارہ کیا ہے۔ وہ دونوں کے مابین افسانہ نگاری کو بہتر خیال کرتے ہیں۔ وہ لکھتے ہیں:

"مجھے صرف اس قدر عرض کرنا ہے کہ اگرچہ افسانہ لکھنا میری زندگی کا اولین مقصد نہیں تھا، تاہم مجھے اس قدر تو ماننا ہی پڑتا ہے کہ جب میں تنقیدیں لکھتا ہوں تو ان کی تمام تر بنیاد مطالعہ اور فکر و تخیل پر ہوتی ہے۔ برخلاف اس کے جب افسانے لکھتا ہوں تو ان میں میرے مطالعے اور مشاہدے دونوں آجاتے ہیں اور تجربات و تخیلات مل کر ایک تخئیلی کل کی صورت اختیار کر لیتے ہیں یعنی میرے افسانوں میں ادب اور زندگی دونوں عناصر شامل ہوتے ہیں، جس کی بنا پر کہا جا سکتا ہے کہ میرے افسانے میری زیادہ مکمل نمائندگی کرتے ہیں۔"۱۰

ماخذ:

۱۔ مجنوں گورکھپوری، شان نزول، مجنوں کے افسانے، عالمی میڈیا پرائیویٹ لمیٹڈ، دہلی، ۲۰۱۴، ص ج

۲۔ ایضاً، ص ب

۳۔ ایضاً، ص ب، ج

۴۔ ایضاً، ص ج

۵۔ شاہین فردوس، مجنوں گورکھپوری: حیات اور ادبی کارنامے، ایجوکیشنل بک ہاؤس علی گڑھ، ۲۰۰۱، ص ۹۶

۶۔ مجنوں گورکھپوری، شان نزول، مجنوں کے افسانے، عالمی میڈیا پرائیویٹ لمیٹڈ، دہلی، ۲۰۱۴، ص د

۷۔ ایضاً، ص ذ

۸۔ ایضاً، ص د، ہ

۹۔ ایضاً، ص ذ

۱۰۔ ایضاً، ص ح

***

الیاس احمد گدی کی افسانہ نگاری

اختر آزاد

تلخیص

الیاس احمد گدّی (۱۹۲۳-۱۹۹۷) اردو فکشن کا ایک بڑا نام ہے۔ متحدہ بہار (جھارکھنڈ) میں غیاث احمد گدی کے بعد کسی نے ملک گیر شہرت حاصل کی تو وہ نام الیاس احمد گدّی کا ہے۔ ۱۴ سال کی عمر میں ادبی زندگی کی شروعات کی۔ پہلا افسانہ 'سرخ نوٹ' ماہنامہ 'افکار'، بھوپال ۱۹۴۸ میں شائع ہوا۔ ان کے دو افسانوی مجموعے 'آدمی (۱۹۸۰)، 'تھکا ہوا دن' (۱۹۸۹) تین ناول' زخم' (۱۹۵۳)' مرہم' (۱۹۵۴) اور فائر ایریا (۱۹۹۴) منظر عام پر آئے۔ اس کے علاوہ بنگلہ دیش کا سفر نامہ 'لکشمن ریکھا کے پار' اور 'مگدھ پوری کا داستان گو' نام سے سوانحی خاکہ بھی لکھا۔ ایک ادھورا ناول 'بغیر آسمان کی زمین' ہے۔ اس ناول کا موضوع چھوٹا ناگپور کی قبائلی زندگی، اس سے جڑے مسائل اور متوسط مسلم معاشرے کی زبوں حالی ہے۔ اس کی پانچ اقساط 'ذہن جدید' دہلی میں شائع ہوئیں۔ اس مضمون میں ان کے چار افسانے 'سناؤں تمھیں بات ایک رات کی'، 'شناخت' 'گھر بہت دور ہے' اور آخری حربہ 'کو موضوع بحث بنایا گیا ہے۔ یہ چاروں افسانے ان کے کسی بھی مجموعے میں شامل نہیں ہیں۔ یہ افسانے اپنی زبان اور کرافٹ کی وجہ سے بے حد اہم ہیں۔ ان کے یہاں موضوعات میں انفرادیت دیکھنے کو ملتی ہے۔ ہر افسانے کے لیے ایک الگ موضوع اختیار کرتے ہیں۔ آدی باسیوں کی زندگی کا مشاہدہ انھوں نے بہت قریب سے کیا ہے۔ اس لیے ان کے افسانوں میں آدی باسیت جا بجا نظر آتی ہے۔ ان کے دو چار افسانوں کے مطالعے کے بعد افسانے کا پارکھ اس نتیجے پر پہنچ سکتا ہے کہ الیاس احمد گدّی اپنے دور کے صاحب اسلوب اور منفرد افسانہ نگار

ہیں۔ ان کے بے شمار افسانے ہندو پاک کے اہم رسائل میں بکھرے پڑے ہیں۔ از سرنو ان کے افسانوں پر گفتگو کی ضرورت ہے تاکہ انصاف ہو سکے۔ جتنا کام ان پر ہونا چاہیے تھا وہ مجھے لگتا ہے کہ نہیں ہوا ہے۔ اس کے باوجود اردو فکشن کے حوالے سے جو بھی تاریخ لکھی جائے گی وہ الیاس احمد گدی کے نام کے بغیر ادھوری سمجھی جائے گی۔

کلیدی الفاظ

متحدہ بہار، سرخ نوٹ، ماہنامہ افکار، افسانوی مجموعے، آدمی، تھکا ہوا دن، ناول، زخم، مرہم، فائر ایریا، تجزیہ، 'سناؤں تمہیں بات ایک رات کی'، 'شناخت' گھر بہت دور ہے' آخری حربہ ' چھوٹا ناگپور، قبائلی زندگی، موضوعات، انفرادیت، آدی باسیت، صاحب اسلوب، منفرد افسانہ نگار

الیاس احمد گدی (پیدائش: ۱۴ اپریل ۱۹۳۴، موت: ۲۷ جولائی ۱۹۹۷) غیاث احمد گدّی کے چھوٹے بھائی ہیں۔ دونوں نے اپنے افسانوں اور ناولوں سے متحدہ بہار (جھارکھنڈ) کا نام ہی روشن نہیں کیا بلکہ ملک گیر شہرت بھی حاصل کی۔ انیس سال کی عمر میں غیاث کا پہلا افسانہ-' دیوتا' ماہنامہ 'ہمایوں' لاہور، ستمبر ۱۹۴۷ میں شائع ہوا، وہیں الیاس نے صرف ۱۴ سال میں اپنی ادبی زندگی کی شروعات کی۔ پہلا افسانہ 'سرخ نوٹ 'ماہنامہ 'افکار'، بھوپال ۱۹۴۸ میں شائع ہوا۔ اس طرح دونوں بھائیوں کے درمیان کا ادبی فاصلہ محض ایک سال کا رہ گیا۔ غیاث احمد گدی کے تین افسانوی مجموعی-'بابا لوگ' (۱۹۶۹) ' پرندہ پکڑنے والی گاڑی' (۱۹۷۷) 'سارا دن دھوپ' (۱۹۸۵) کے علاوہ ایک ناولٹ 'پڑاؤ' شائع ہوا، وہیں الیاس احمد گدّی کے دو افسانوی مجموعے 'آدمی '(ناشر۔شب خون کتاب گھر، الہ آباد۔ ۱۹۸۰) 'تھکا ہوا دن' (مکتبہ غوشیہ، گیا ۱۹۸۹) تین ناول' زخم' (۱۹۵۳) 'مرہم' (۱۹۵۴، ناشر: مشورہ بک ڈپو، دہلی) اور فائر ایریا (۱۹۹۴، معیار پبلی

کیشنز، دہلی) منظر عام پر آئے۔ اس کے علاوہ بنگلہ دیش کا سفر نامہ 'لکشمن ریکھا کے پار' اور 'مگدھ پوری کا داستان گو' نام سے سوانحی خاکہ بھی لکھا۔ ایک ادھورا ناول 'بغیر آسمان کی زمین' ہے۔ اس ناول کا موضوع چھوٹا ناگپور کی قبائلی زندگی، اس سے جڑے مسائل اور متوسط مسلم معاشرے کی زبوں حالی ہے۔

دونوں بھائیوں کے متعلق جو مذکورہ تفصیلات بیان کی گئی ہیں ان سے یہ نہ سمجھا جائے کہ دونوں کے فن پر کوئی تقابلی مطالعہ پیش کیا جائے گا، بلکہ دونوں کے ادبی کارناموں کو سامنے رکھ کر یہ بتانا مقصود ہے کہ الیاس احمد گدّی کو کم عمری میں اپنے ہی گھر میں غیاث احمد گدّی کی صورت میں ایک ایسا مینٹر ملا جنہوں نے ان کے فن کو جلا بخشی۔ یہی وجہ ہے کہ الیاس کے ابتدائی افسانوں میں غیاث احمد گدّی کی چھاپ نظر آتی ہے۔ لیکن عمر کے ساتھ ساتھ فن میں جیسے جیسے پختگی آتی گئی الیاس اس سے باہر نکلتے چلے گئے۔ جس کی واضح مثال ناول 'فائر ایریا' اور 'ٹام جیفرسن کے پنجڑے" قبیل کے افسانوں میں آپ صاف دیکھ سکتے ہیں۔

الیاس احمد گدی کے افسانوی مجموعوں اور ان میں شامل افسانوں کے متعلق بہت گفتگو ہو چکی ہے۔ یہاں میں نے کوشش کی ہے کہ ان افسانوں پر قلم اُٹھاؤں جو قاری کی نظروں سے اوجھل ہیں۔ الیاس احمد گدّی کے افسانوں کی جب بھی بات ہوتی ہے تو لوگ آسانی کے لیے ان کے افسانوی مجموعے 'آدمی' اور 'تھکا ہوا دن' لے کر بیٹھ جاتے ہیں۔ یہاں میں ان کے چار پانچ ایسے افسانوں کا ذکر بطور خاص کرنا چاہوں گا جو ان کے مجموعے میں نہیں ہیں اور ان پر بات بھی کم ہوئی ہے۔ شناخت '، 'سناؤں تمھیں بات ایک رات کی '، 'گھر بہت دور ہے ' اور ' آخری حربہ '۔ ان افسانوں پر گفتگو کے دوران آپ محسوس کریں گے کہ تجزیاتی مطالعے کے ساتھ تنقید کی کسوٹی پر پرکھنے کی تھوڑی بہت کوشش کی

گئی ہے۔

افسانہ 'سناؤں تمھیں بات ایک رات کی' ماہنامہ 'ایوان اُردو' اگست ۱۹۹۵ کے شمارے میں شائع ہوا ہے۔ اس افسانہ میں یوں تو الیاس احمد گدّی نے نہ تو کوئی بڑی بات کہنے کی کوشش کی ہے اور نہ ہی کسی بڑے افسانے کی بنیاد ہی رکھی ہے۔ لیکن اس کے باوجود انھوں نے جس طرح سے ایک رات کا قصّہ بیان کیا ہے وہ قابل ستائش ہے۔ کہانی کا مرکزی کردار ایک عورت ہے۔ وہ اپنا سب کچھ گنوا کر کس طرح کہانی سنانے والے (راوی) کے پاس آجاتی ہے اور وہ راوی جو کبھی اس کے حسن پر مر مٹا تھا وہ اپنی حسین وجمیل محبوبہ کوہڑی کے پنجر میں تبدیل ہوتے ہوئے دیکھتا ہے، تو اس پر کیا اثرات مرتب ہوتے ہیں اور پھر دونوں کے درمیان ماضی اپنی زندگی کا آئینہ لے کر کس طرح سامنے آتا ہے۔ وہ بے حد اہم ہے۔ جسے بڑی ہی دلچسپ پیرائے میں یہاں بیان کیا گیا ہے۔

افسانے کی شروعات یوں ہوتی ہے:

"وہ رات دوسری راتوں سے مختلف تھی کہ اس رات اندھیرا بہت تھا اتنا کہ ہاتھ دکھائی نہ دیتا تھا۔ آسمان پر ستارے بے شمار تھے مگر جیسے کسی خوف سے دھیرے دھیرے کانپ رہے ہوں۔ آج تارے ٹوٹ کر گر بھی بہت رہے تھے۔ جب وہ ٹوٹتی روشنی کی لمبی لکیر تیر کی طرح اندھیرے کے کلیجے کی سمت لپکتی۔ مگر نیچے پہنچنے سے پہلے ہی اندھیرے کے سیاہ ہاتھ اس کو بکھیر دیتے۔ پھر کُتّوں کا جھنڈ تھا جو مسلسل بھونکے جا رہا تھا۔ پہلے تو کتّے اتنا نہیں بھونکتے تھے۔ ایسا لگتا تھا ڈاکوؤں کا کوئی جتّھا بستی میں گُھس آیا ہو، یا جیسے بدروحیں بھٹک کر آگئی ہوں اور انھیں دیکھ کر کُتّے پاگل ہو اُٹھے ہوں۔"[1]

اس افسانے کی شروعات دراصل ایک طرح سے ڈرامائی انداز میں ہوتی ہے۔ رات

کا وقت ہے اور ہیرو کی شکل میں موجود کردار 'وہ' جو اس کہانی کا راوی بھی ہے، کھلے آنگن میں چارپائی پر لیٹا ہوا ہے اور بہت دیر سے سونے کی کوشش کر رہا ہوتا ہے۔ اس کوشش میں بار بار اس کی نگاہیں آسمان کی طرف اُٹھ رہی ہوتی ہیں جہاں وہ ستاروں کو ٹوٹتے ہوئے دیکھتا ہے۔ ٹوٹتے ہوئے ستاروں کو دیکھتے وقت اگر کوئی دعا مانگے تو کہتے ہیں کہ قبول ہوتی ہے۔ یہاں کہانی کے ہیرو کو کسی طرح کی کوئی دعا مانگتے ہوئے نہیں دکھایا گیا ہے۔ لیکن اس کے بعد فوراً اس کی محبوبہ کا ہیرو کے پاس آ جانا بہت کچھ کہتا ہے۔ یہاں الیاس احمد گدّی نے کچھ باتیں بین السطور کے حوالے کر دی ہیں۔ یعنی جسے وہ زندگی بھر چاہتا رہا اور شادی نہیں کی۔ جس کی یاد میں رات رات بھر کروٹیں بدلتا رہتا تھا اور اس وقت بھی ہمیشہ کی طرح وہ ستاروں کو ٹوٹتے ہوئے دیکھ رہا تھا، اس کے بارے میں سوچ رہا تھا کہ اچانک اندھیرے میں وہ بھاگتی ہوئی آتی ہے اور اس کی چارپائی کے نیچے گھس جاتی ہے۔ اور پھر اس سے کہتی ہے۔ وہ لوگ میرا پیچھا کر رہے ہیں۔ یعنی تم مجھے ان لوگوں سے بچا لو اور ہمیشہ ہمیشہ کے لیے اپنے پاس رکھ لو۔

لیکن یہاں سوال یہ ہے کہ وہ پیچھا کرنے والے لوگ کون ہیں۔ اس کا شوہر، سسرال والے اور چند غنڈے۔ اگر راوی اپنی محبوبہ برج بانو کو بچانے کی کوشش کرے تو اس کوشش میں اس کی جان بھی جا سکتی ہے۔ محبوبہ کے ساتھ کچھ بھی ہو سکتا ہے۔ جس کے بارے میں وہ سوچ بھی نہیں سکتا۔ اس کے سسرال والوں کے خلاف کھڑا ہونے کی ہمت اس میں اس وقت بھی نہیں تھی، جب محبوبہ اس کی آنکھوں کے سامنے سرخ جوڑے میں وداع ہو رہی تھی۔ وہ بس بے بسی سے دیکھتا رہ گیا تھا۔ لیکن آج جب ان ظالموں کے چنگل سے نکل کر ان کی چارپائی کے نیچے آ گئی تھی تو کیا وہ اپنی محبوبہ کو بچانے کے لیے اپنی جان کو جوکھم میں ڈالتا۔ یہ الگ بات ہے کہ ان لوگوں نے انھیں جگا کر

پوچھا نہیں۔ ورنہ ہیرو کی اصلیت کھل بھی سکتی تھی لیکن کہانی میں ایک وقت ایسا آیا جہاں پیچھا کرنے والے جگا کر اس سے برج بانو کے بارے میں پوچھنا چاہتے ہیں۔ لیکن پوچھنے والے اس سے پہلے پوچھتے کہ گفتگو اس مقام پر آکر ٹھہر جاتی ہے کہ اسے جگانے اور پوچھنے کا کوئی فائدہ نہیں۔ یہ ہم میں سے ہر کسی کو جانتا ہے۔ یہاں تک کہ برج بانو کو بھی۔ ہو سکتا ہے کہ ہم لوگ کسی مصیبت میں پڑ جائیں اور جب یہ سویا ہوا ہے تو اس سے پوچھنے کا فائدہ کیا ہے۔ اگر پوچھنے کے چکر میں رہیں تو ہو سکتا ہے برج بانو اس کی دسترس سے دور نکل جائے۔ اس لیے وہ لوگ وہاں سے جلد نکل جانا چاہتے ہیں، نہیں پوچھتے ہیں۔

یہاں الیاس احمد گدی نے سسرالی غنڈوں سے جو مکالمے کہلوائے ہیں وہ نہیں بھی کہلوائے جاتے تو بھی کہانی میں کوئی فرق نہیں پڑتا۔ لیکن جب پیچھا کرنے والے آگے بڑھ جاتے ہیں تب واحد متکلم 'میں' کی صورت میں موجود ہیرو چارپائی سے اُٹھتا ہے اور برآمدے میں رکھی لالٹین اٹھا کر لاتا ہے اور پھر چارپائی کے نیچے چھپی عورت کو دیکھتا ہے تو چونک جاتا ہے۔ منہ سے بس اتنا نکلتا ہے۔ "ارے تم۔۔۔؟" اور یہی وہ الفاظ ہیں جو سب کچھ بیان کر دیتے ہیں۔ لیکن سوال یہ اٹھتا ہے کہ وہ اس وقت جب اس کے پاس بھاگتی ہوئی آئی تھی اور اس نے آتے ہی کہا تھا۔ "وہ لوگ میرے پیچھے ہیں۔" تو وہ اس کی آواز کو کیوں نہیں پہچان پایا۔ وہ بھی اس محبوبہ کی آواز جو ہر وقت اس کی سماعت میں رس گھولتی رہی ہوگی۔ ممکن ہے کہ شر پسند لوگوں کی بھاگ دوڑ اور کتوں کے بھونکنے کی وجہ سے وہ سمجھ نہیں پایا ہو کہ یہ آواز برج بانو کی ہو سکتی ہے۔ کہانی آگے بڑھتی ہے اور کہانی کار اس ہانپتی کانپتی برج بانو کو چارپائی کے اوپر بٹھا کر لالٹین کی مدھم روشنی میں بڑی ہی باریکی سے اس کے خدوخال کو نمایاں کرنے کی کوشش کرتا ہے:

"کھری چارپائی پر بیٹھی وہ ابھی تک ہانپ رہی تھی۔ اس کا چہرہ ایک دم پیلا پڑ گیا تھا۔

آنکھوں کے گرد سیاہ حلقے تھے۔ سوکھے ہونٹوں پر پپڑیاں جمی تھیں۔ دونوں دبلے اور بے جان بازو مرے ہوئے سفید چوہوں کی طرح جھول رہے تھے۔ وہ کیا سے کیا ہو گئی تھی۔ سرخ و سفید۔ چہرے کی ساری تازگی، شرارت بھری شوخ آنکھوں کی چمک، گلاب کی پنکھڑیوں کی طرح تر و تازہ ہونٹ کہ لگے کہ چٹکی سے پکڑ لو تو رس ٹپک پڑے اور وہ گداز سڈول صندلیں بازو۔۔۔۔۔۔"۲؎

مذکورہ اقتباس پر نظر ڈالنے کے بعد کوئی بھی یہ نتیجہ اخذ کر سکتا ہے کہ ہیرو برج بانو کی خوبصورتی پر مر مٹا تھا اور کسی کی نظر نہ لگے اس کی دعائیں بھی مانگا کرتا تھا۔ لیکن اب جب وہ شادی کے بعد اپنے شر پسند شوہر سے چھٹکارا حاصل کرنے کے لیے گھر سے بھاگ کر اس کے پاس آئی ہے تو وہ اسے دیکھ کر حیران ہے جو کبھی خوبصورتی کا مجسمہ ہوا کرتی تھی اب اسے وہاں صرف کھنڈر ہی کھنڈر دکھائی دے رہا تھا۔ زندگی کی ساری رعنائیاں ماتم کدے کا حصّہ بن گئی تھیں۔ ایسے میں وہ اسے غور سے دیکھ رہا تھا اور سوچ رہا تھا کہ ایسا کیسے ہو گیا۔ کیا کوئی اس طرح سے بھی اپنے حسن کو گنوا سکتا ہے۔ یہاں ہیرو کی اس سوچ کو برج بانو سمجھ جاتی ہے۔ اس لیے ردِّ عمل کا اظہار کرتے ہوئے برج بانو اس سے کہتی دکھائی دیتی ہے:

"میں نے گنوایا کچھ بھی نہیں ہے۔ انھوں نے سب چھین لیا ہے۔ میری رعنائی، میری آرائش، میرے زیورات۔۔۔۔۔۔ تب اُسے یاد آیا کہ ایک وقت وہ گہنوں سے لدی پھندی رہتی تھی۔ پیروں کی جانجھ بجتی تو گہری نیند میں ڈوبی آنکھیں وا ہو جاتیں۔ بازو بند کے پھندنے لہراتے تو خنجر کلیجے میں دور تک اُتر جاتا۔ کانوں کے آویزوں پر رشک آتا جو گردن کی ہر حرکت پر رخساروں کو چوم لیتے۔ گلے میں پڑی اصلی موتیوں کی مالا سیمیں گردن سے اُتر کر چھاتیوں کے درّے میں اُتری رہتی کہ نظریں ہٹانا مشکل ہو

جاتا۔ وہی لڑکی کسی بیوہ کی طرح اُجاڑ اس کے سامنے بیٹھی تھی۔ نہیں۔ اب شاید اس کو لڑکی کہنا بھی درست نہ تھا۔ کیونکہ اب وہ ایک جہاں دیدہ بلکہ جہاں گزیدہ عورت تھی۔۔۔۔۔ تھکی ہاری ٹوٹی ہوئی عورت۔ اُجاڑ چہرے پر کچھ نہیں تھا ایک خوف کے سوا۔ آنکھوں میں کچھ نہیں تھا ایک حزن کے علاوہ۔۔۔۔۔"۳؎

کہانی جیسے جیسے آگے بڑھتی ہے قاری کے اندر تجسس پیدا ہوتا چلا جاتا ہے۔ وہ جاننا چاہتا ہے کہ اس خوبصورت برج بانو کے ساتھ ایسا کیا ہوا کہ وہ اپنے شوہر کے گھر سے بھاگنے پر مجبور ہوئی۔ یہاں کہانی کار کی طرف سے فنکارانہ اظہار بھی دیکھنے کو ملتا ہے اور وہ تجسّس کو برقرار رکھتے ہوئے کہانی کو آگے بڑھاتے چلے جاتے ہیں۔ جس میں یہ بتایا گیا ہے کہ عورت جب اپنے حسن کی تعریف سنتی ہے تو مدہوشی کی ایک کیفیت اس پر طاری ہو جاتی ہے۔ یہاں جب اس کا شوہر اس کی تعریف میں رطب اللسان ہوتا ہے تو اس قدر مدہوش ہو جاتی ہے کہ اس کا لالچی شوہر اس کے جسم سے حسن کے ایک زیور کو اُتار لیتا ہے اور اسے بیچ کر اپنے لیے عیّاشی کا سامان فراہم کرتا ہے۔ اور زیورات اُتارنے کا یہ عمل مسلسل چلتا رہتا ہے۔ لیکن ایک وقت ایسا بھی آتا ہے جب سارے زیورات اُتار لیے جاتے ہیں۔ اس کے بعد اسے نمائش گاہ میں سجا سنوار کر ہوس پرستوں کے سامنے پیش کیا جانے لگتا ہے۔ برج بانو اس بات کو محسوس کرنے لگتی ہے کہ اس کا شوہر اس کے حسن کو کیش کرا کر اونچے عہدے تک پہنچنا چاہتا ہے۔ منزل کی حصولیابی کے لیے اسے سیڑھی کے طور پر استعمال کرنا چاہتا ہے۔ لپ اسٹیک پاؤڈر اور کریم وغیرہ لگا کر اس کے حسن کو روز بروز نکھارا جا رہا ہے۔۔۔۔۔ وہ چونکہ اس کی قید میں تھی۔ وہ وہی سب کرنے پر مجبور تھی جو اس کا شوہر اس سے کروانا چاہتا تھا۔ اسے یہ سب کچھ پسند نہ تھا کہ کوئی اس کے حسن کی قیمت لگائے۔ لیکن جب ایک ایک کر کے سارے زیورات اُتر گئے اور شرم

وحیا کے آبگینے بکھرنے لگے تب اُس نے دیکھا کہ اس کے پاس تو کچھ بھی نہیں رہا۔ وہ اب ایک طوائف ہو کر رہ گئی ہے۔ ہر لمحہ اس کی قیمت لگائی جا رہی ہے۔ ایسے میں کئی بار اس نے سوچا کہ ایسی زندگی سے بہتر ہے کہ خودکشی کر لوں، لیکن یہ خواہش بھی اس کی آسانی سے پوری نہیں ہو سکتی تھی کہ اس کی زندگی پر اس کا تھوڑا بھی اختیار نہیں تھا۔ وہ تو قید خانے میں محصور کر دی گئی تھی۔ لیکن وہ آزادی کی خواہاں تھی۔ کیا وہ آزاد ہو پائے گی۔ یہ سوچنا بھی اس کے لیے گناہ تھا۔ لیکن جب تک وہ یہ گناہ نہیں کر لیتی اندر کی بے چینی اُسے سکون سے جینے نہیں دے رہی تھی۔ اس لیے اسے ایک دن گھر سے بھاگنا ہی تھا۔

یہ ساری باتیں الیاس احمد گدی برج بانو کی زبانی سنواتا ہے۔ ہیرو کے اندر بھی اضطرابی کیفیت پیدا ہوتی ہے۔ وہ بات ہی بات میں بہت کچھ جاننا چاہتا ہے کہ جب سب کچھ لٹ گیا تو پھر وہ تمھیں قید میں کیوں رکھنا چاہتا تھا۔ اس کے جواب میں برج بانو اسے حقیقت سے جہاں آگاہ کرتی ہے وہیں اس بات کو شدّت سے محسوس کر رہی تھی کہ سب کچھ لٹ جانے کے بعد بھی اس کا عاشق اسے اسی نظر سے دیکھ رہا ہے جیسے پہلے دیکھا کرتا تھا۔ اس لیے وہ ہیرو سے کہتی ہے۔ "سُنو! حسن محبوب کے پیکر میں نہیں، عاشق کی آنکھ میں ہوتا ہے۔ اگر ایسا نہ ہوتا تو آج یہ اُجاڑ صورت تمھیں حسین نظر نہیں آتی۔" یہاں ہیرو بھی ایک طرح سے اس کی باتوں پر ایمان لاتا ہوا دکھائی دیتا ہے۔ کیونکہ جس طرح سے وہ اس کی طرف دیکھ رہا تھا اس کی وجہ سے اس کی چوری پکڑی جاتی ہے۔ اور خودکشی والی بات پر جب ہیرو اس کے سوکھے ہونٹوں پر ہاتھ رکھتا ہے اور کہتا ہے کہ ایسا مت کہو ورنہ تمھارے بے شمار چاہنے والوں کے پاس زندہ رہنے کے لیے کیا جواز رہ جائے گا۔ ایسے وقت میں برج بانو نے کوئی جواب نہیں دیا اور الیاس احمد گدی نے بھی مسکراتے ہوئے کھری چارپائی پر لٹاتے ہوئے نیند کے حوالے کرنا چاہا۔ لیکن ہیرو کی محبت بیدار

تھی۔ اسے لگ رہا تھا کہ پتہ نہیں اس کھری چارپائی میں اس کی محبوبہ کو نیند آئے گی یا نہیں۔ لیکن یہاں جس طرح سے ہیرو نے مذاقاً کہا کہ آبنوس کے پلنگ میں خوشبوؤں بھرے ریشمی بستر پر سونے والی کو اس کھری چارپائی پر نیند آئے گی بھی یا نہیں۔ اسے برج بانو نے طنز سمجھا اور پھر جو جواب دیا وہ کہانی کو ایک اور ہی طرف لے جاتا دکھائی دیتا ہے۔ برج بانو کا جواب سنیے:

"طعنے مت دو۔۔۔۔۔کیا میں اپنی مرضی سے گئی تھی ان کے پاس؟ تمھیں ایسے چاہنے والے تھے تو روکا کیوں نہیں تھا؟ سب کچھ تو تمھارے سامنے ہوا تھا۔ تمھاری موجودگی میں۔۔۔۔۔۔یہاں اس کھری چارپائی پر کھلے آسمان کے نیچے جو پیار ہے، جو تحفظ ہے، وہ کہاں نصیب ہو گا۔ پھر تمہاری قربت، تمہاری بے پناہ اور بے لوث محبّت۔"[۴]

اور اس طرح کہانی اپنے کلائمکس کی طرف بڑھ جاتی ہے:

"میں نے دیکھا اس کی آنکھوں میں نیند اُتر آئی تھی۔ میں نے بڑے پیار سے، بڑی لگاوٹ سے، بڑے جذبے سے اس کو دیکھا اور اس کی نیم وا آنکھوں کو انگلیوں سے بند کر دیا۔"

"اچھا اب سو جاؤ، برج بانو۔ تمھاری آنکھیں نیند سے بوجھل ہو گئی ہیں۔"[۵]

کہانی ایک خوبصورت انجام کے ساتھ ختم تو ہو جاتی ہے لیکن ساتھ میں کئی سوال چھوڑ جاتی ہے۔ برج بانو سسرال سے کیوں بھاگی یہ تو قاری کو سمجھ میں آتا ہے، لیکن وہ اس کمزور عاشق کے پاس لوٹ کر کیوں آئی جو اسے پہلے بھی بچا نہیں پایا تھا۔ ان طاقتوں کا مقابلہ نہیں کر پایا تھا تو رات ختم ہونے کے بعد جب صبح ہو گی اور گاؤں میں یہ خبر پھیل جائے گی اور کہانی کی کہانی ہر زبان پر ہو گی تو پھر ان شر پسندوں سے راوی خود کو اور برج

بانو کو کیسے بچا پائے گا۔

☆

الیاس احمد گدی کا افسانہ 'شناخت' عہد ساز فلمی رسالہ 'شمع' کہانی نمبر ۱۹۸۶ میں شائع ہوا تھا۔ اس افسانے کا موضوع بہت حد تک ان کے ایوارڈ یافتہ ناول فائر ایریا کے ایک خاص حصے سے تعلق رکھتا ہے۔ اس کہانی میں کولیری اور کولیری میں ٹھیکے کو لے کر اکثر ٹھیکیداروں کے بیچ خون خرابہ ہوا کرتا ہے۔ ناول میں سہدیو ہے تو اس کہانی میں سنت لال۔ یوں تو پوری کہانی سنت لال کے اردگرد گھومتی ہے لیکن کہانی کا مرکزی کردار ایک اسکول ٹیچر سنالنی ہے جس کے شوہر کو کولیری کے غنڈے موت کی گھاٹ اُتار چکے ہیں۔ شوہر کے غم میں ڈوبی سنالنی کا اسکول کے علاوہ کہیں آنا جانا نہیں ہے۔ رشتے دار بھی نہیں ہیں۔ چھوٹے سے دو کمروں کے مکان میں نوکرانی جمنی کے ساتھ رہتی ہے جو اس کی غیر موجودگی میں گھر کی دیکھ بھال کرتی ہے۔

کہانی کی شروعات میں دکھایا گیا ہے کہ پولس انسپکٹر سنالنی کے گھر ایک مرڈر کیس کی تفتیش کے لیے آتا ہے۔ انسپکٹر کو دیکھ کر سنالنی خوف زدہ ہو جاتی ہے۔ گھر میں داخل ہوتے ہی انسپکٹر کو اس بات کا احساس ہوتا ہے کہ پرائمری اسکول میں پڑھانے والی یہ اسکول ٹیچر اکیلی رہتی ہے۔ بات ہی بات میں وہ اپنے شوہر کے متعلق بتاتی ہے کہ گیارہ سال قبل کچھ نامعلوم لوگوں نے گھر میں گھس کر خون کر دیا تھا۔ سنالنی اس بات کی بھی ناراضگی جتاتی ہے کہ اس کولڈ فیلڈ میں جب بھی کسی کا قتل ہوتا ہے تو الزام کسی نامعلوم لوگوں کے سر مڑھ دیا جاتا ہے اور پولس ہاتھ پر ہاتھ دھرے رہ جاتی ہے۔ پولس انسپکٹر سنالنی کی بات پر مسکراتے ہوئے اس کی ناراضگی کو دور کرنے کی کوشش کرتا ہے کہ پولس اپنا کام ایمانداری سے کرتی ہے، لیکن جو چشم دید ہوتے ہیں وہ ڈر کے مارے یا کسی

مصلحت سے پولس کا ساتھ نہیں دیتے اور مجرم آسانی سے چھوٹ جاتا ہے۔ یہاں پولس انسپکٹر سنالنی کو یہ کہتے ہوئے سمجھاتا ہے کہ جس طرح آپ کے پتی کو بہت سے لوگوں نے دیکھا تھا لیکن کسی نے گواہی دینے کی ہمّت نہیں جٹائی، اسی طرح ایک کیس کے سلسلے میں میں آپ کے پاس آیا ہوں، آپ ہمت دکھائیں اور سچ کا ساتھ دیں۔ دونوں کے درمیان کی گفتگو کو الیاس احمد گدّی نے افسانے میں بڑی ہی ہنر مندی سے برتا ہے۔

"کل مدھوبنی کولیری میں ایک انتہائی خوں خوار آدمی کو کچھ نامعلوم لوگوں نے گولی مار دی ہے۔"

وہ سر سے پاؤں تک لرز کر رہ گئی۔

"مقتول نوجوان کی شناخت ہو چکی ہے۔ وہ کسی خود ساختہ ٹریڈ یونین لیڈر کے لیے کام کرتا تھا۔ یعنی کسی لیڈر کا غنڈہ تھا۔"

قصہ یوں ہے۔ انسپکٹر رازداری سے بولا۔ "سنت لال کے کمرے سے جو کاغذات نکلے ہیں، ان میں آپ کا بھی نام ہے۔"

"میرا نام؟ وہ حیرت زدہ رہ گئی۔۔۔۔۔۔۔ میں کسی ایسے آدمی کو نہیں جانتی۔"[٦]

انسپکٹر کچھ دیر خاموش رہ کر بولا۔ "دیکھئے مسز گھوش، قانون کی مدد کرنا آپ کا فرض ہے۔ آپ اگر ہماری مدد کریں گی تو قاتلوں کو پکڑنا آسان ہو جائے گا۔ آپ ایک بار پھر سوچ کر دیکھئے، کیونکہ جس کاغذ میں آپ کا نام پتہ لکھا ہوا ملا ہے، اسی میں سو روپے کا ایک نوٹ بھی لپٹا ہوا تھا۔"[٧]

اس افسانے کا تانا بانا الیاس احمد گدی نے بڑی خوبصورتی سے بنا ہے اور چھوٹے چھوٹے جملوں میں افسانے کو آگے بڑھایا ہے۔ جس کا قتل ہوا ہے اس کی تصویر جب

سنالنی کو دکھائی جاتی ہے تو وہ اندر سے کانپ جاتی ہے۔ وہ اس کو جاننے کے باوجود اپنے آپ پر قابو رکھتی ہے اور پہچاننے سے انکار کر دیتی ہے۔ حالانکہ انسپکٹر اس پر دباؤ بنانے کی کوشش کرتا ہے کہ وہ پہچانے اور سب کچھ اس کے متعلق بتادے۔ یہاں انسپکٹر کو یہ امید تھی کہ وہ ضرور بتائے گی کیونکہ مقتول کے گھر سے تلاشی کے بعد جو سامان ملا تھا اس میں ایک کاغذ بھی تھا جس میں سنالنی کا نام لکھا ہوا تھا اور اس کے اندر سو روپئے کا نوٹ بھی تھا۔

سو روپے کے نوٹ کا بھی الگ قصّہ ہے کہ ایک دن جب سنالنی اسکول سے لوٹتی ہے تو اپنے گھر کے برآمدے میں ایک لڑکے کو بے سُدھ سوئے ہوئے دیکھتی ہے۔ چھونے پر پتہ چلتا ہے کہ اسے بخار ہے۔ وہ اس لڑکے کو کمرے میں لے آتی ہے اور انسانیت کے ناطے ڈاکٹر کو بلا کر اس کا علاج کرواتی ہے۔ دوا انجکشن کے باوجود لڑکا رات بھر غنودگی کی حالت میں رہتا ہے اور جب دوسرے دن آنکھ کھلتی ہے تو اپنے آپ کو سنالنی کے گھر میں دیکھ کر ڈر جاتا ہے۔ یہاں پر افسانہ نگار نے بچے کے ساتھ سنالنی کی نفسیات کا فائدہ اٹھاتے ہوئے ایک دوسرے کے اندر ہمدردی کے ایک ایسے جذبے کو جنم دینے کی کوشش کی ہے جو فطری معلوم پڑتا ہے۔ ایک طرف جہاں بچے کی ماں ابھی کچھ ماہ قبل اسے چھوڑ کر مالک حقیقی سے جا ملی ہے وہیں سنالنی کی آنکھوں کے سامنے اس کے دو دن کے بچّے کا وہ چہرہ جو قریب گیارہ بارہ سال قبل ستاروں میں کہیں گم ہو گیا تھا، گھوم جاتا ہے۔ یہاں دردِ مشترک کی تلاش کرتا ہوا افسانہ نگار دکھائی دیتا ہے۔ لڑکا بخار کی حالت میں ہے۔ ہونٹ سوکھے ہوئے ہیں اور بخار کی حدت سے چہرے کا رنگ بدل کر سرخ ہوتا جارہا ہے۔۔۔۔۔ ایسا ہی کچھ نظارہ اس نے اس دن دیکھا تھا جب اس کا دو دن کا بچہ بخار سے تپ رہا تھا اور پھر بخار کی تاب نہ لا کر وہ ہمیشہ ہمیشہ کے لیے اسے چھوڑ کر چلا گیا تھا۔ ماں کی ممتا اور ممتا کی اس تڑپ کو یہاں صاف دیکھا جا سکتا ہے۔ یہی وہ فنکاری ہے افسانہ نگار کی

کہ ایک ماں بر آمدے میں بخار سے تپ رہے بچے کے اندر اپنے دو دن کے بچّے کو ڈھونڈ لیتی ہے۔ یہاں پر ماں کی ممتا اپنے الگ ہی رنگ میں دکھائی دیتی ہے جب وہ سنالنی کو اپنی ماں کی جگہ پاتا ہے تو وہ اندر سے تڑپ اٹھتا ہے اور اس کا ہاتھ پکڑ کر رونے لگتا ہے۔ اس دوران افسانہ نگار نے ماں کی ممتا کے ساتھ اس تڑپ کو بھی دکھانے کی کوشش کی ہے کہ جب کسی ماں کو یہ معلوم ہوتا ہے کہ اس کی اولاد کو کسی نے بڑی بے دردی سے مارا ہے تب وہ ہر زخم دیکھنا چاہتی ہے۔ پیار سے وہ اس کی پشت پر ہاتھ پھیرتی ہے۔ لڑکا درد سے بلبلا اٹھتا ہے اور جب اس کی قمیص سر کا کر دیکھی جاتی ہے تو اس کی آنکھیں پھٹی کی پھٹی رہ جاتی ہیں کیونکہ ساری پیٹھ لاٹھی کی مار سے پھٹی ہوئی تھی۔ سنالنی کی آنکھوں میں اس وقت ماں کا درد آنسو بن کر بہنے لگا تھا۔

سنالنی کے کردار کو یہاں الیاس احمد گدّی نے ماں کے روپ میں ڈھال کر اس کہانی کو ایک ایسے موڑ پر لاکھڑا کیا ہے جہاں سنالنی کے بہت پوچھنے کے باوجود انجان لڑکے کا کچھ نہ بتانا کہ وہ کون ہے، اسے کس نے مارا ہے، پھر بھی وہ اپنے گھر پر رکھ کر اس کا علاج کرواتی ہے۔ ایک ہفتے کے بعد جب طبیعت ٹھیک ہو جاتی ہے تو بھی وہ اسے اپنے گھر سے جانے کے لیے نہیں کہتی ہے۔ وہ ایک چھوٹے سے کوارٹر میں رہتی ہے جس میں دو ہی کمرے ہیں۔ ایک میں وہ خود رہتی ہے اور دوسرا اس نے اپنی نوکرانی جمنی کو دے رکھا ہے۔ لیکن جب سے وہ لڑکا آیا ہے وہ جمنی کے کمرے میں رہتا ہے اور جمنی سنالنی کے کمرے میں۔ ٹھیک اس طرح جیسے وہ برسوں سے اس گھر میں رہتا آیا ہو۔

یہاں افسانہ نگار چاہتا تو سنالنی کے اسکول جانے کے بعد نوکرانی جمنی اور اس لڑکے کے درمیان تھوڑی بہت نزدیکیاں قاری کے سامنے پروس سکتا تھا۔ لیکن انھوں نے موقع رہتے ہوئے بھی ایسا نہیں کیا۔ جب کہ وہ جمنی کے کام میں ہاتھ بٹایا کرتا تھا۔ سنالنی چاہتی

ہے کہ وہ تھوڑا بہت لکھنا پڑھنا جان جائے۔ لڑکا اس طرف مائل نہیں ہوتا۔
ایک دن جمنی اس کے پاس پستول دیکھ لیتی ہے۔ وہ اس کی شکایت سنالنی سے کرتی ہے۔ سنالنی یہ جاننا چاہتی ہے کہ وہ کون ہے۔ اور اس کے پاس یہ پستول کہاں سے آیا ہے۔ وہ سنالنی کے سوالوں کا جواب نہیں دینا چاہتا ہے۔ سنالنی ایسے میں اس لڑکے کو اپنے گھر پر نہیں رکھ سکتی تھی۔ وہ پولس کو خبر کرنے کی بھی بات کرتی ہے۔ تب مجبور ہو کر وہ اسے بتاتا ہے کہ باپ کی موت کے بعد اس کی ماں کولیری میں کام کرنے لگی۔ اس کی ایک جوان بہن تھی۔ دو غنڈے اسے اور اس کی ماں کو جب چاہتے تھے گھر سے باہر نکال دیتے اور اس کی بہن کے ساتھ من مانی کرتے تھے۔ پھر اس کی ماں بھی اس دنیا سے چلی گئی۔ اس کے بعد تو آئے دن اس کی موجودگی میں کولیری کے وہ غنڈے پستول کی نوک پر اسے کھینچ کر گھر سے باہر نکال دیتے۔ ایک دن بڑی صفائی سے اس نے وہ پستول چھپا دی۔ بہن اور بھائی کو غنڈوں نے بہت مارا تھا۔ بہن کو تو معلوم ہی نہیں تھا کہ پستول اس کے بھائی نے چھپایا ہے۔ لاکھ مار کھانے کے بعد بھی رگھو نے اقرار نہیں کیا۔ وہ جانتا تھا کہ اگر معلوم ہو گیا تو خونخوار غنڈے اس کی جان لے لیں گے۔ غنڈے پستول کھوج کے رکھنے کی دھمکی دے کر چلے جاتے ہیں۔ یہی وہ پستول تھا جسے رگھو لے کر بھاگا تھا۔ بھاگتے بھاگتے وہ تھکن سے چور ہو گیا تھا، اوپر سے اسے بہت مار پڑی تھی جس کے باعث اسے تیز بخار آگیا اور اسی حالت میں وہ سنالنی کے گھر کے برآمدے تک پہنچ کر ایسا گرا کہ ہوش ہی نہیں رہا۔۔۔۔۔۔۔۔

سنالنی کو جب معلوم ہوا ہے کہ اس کے پاس پستول ہے تو وہ غصے میں دکھائی دیتی ہے۔ دوسری طرف رگھو بھی نہیں چاہتا کہ اس کی وجہ سے اس عورت کو کسی طرح کی پریشانی ہو جس نے اسے پیار دیا، سہارا دیا۔ وہ خود ہی چلا جانا چاہتا تھا۔ لیکن کہاں اور کس

کے پاس؟ اس کے پاس تو کہیں جانے کے لیے پیسے بھی نہیں تھے۔ اس لیے وہ سنالنی کی تنخواہ ملنے کے دن تک انتظار کرتا ہے۔ کہاں رکھتی ہے اس پر بھی اس کی نظر ہوتی ہے۔ لیکن اتناسب کرنے کے باوجود وہ تنخواہ کے سات سو روپے میں سے صرف ایک سو روپیہ نکالتاہے اور وہاں سے ہمیشہ ہمیشہ کے لیے فرار ہو جاتا ہے۔ اور سوچتا ہے کہ جب اس کے پاس پیسے ہوں گے تب وہ پہلی فرصت میں ان کو پیسے لوٹا دے گا۔ اور ایسا کرتا بھی ہے۔ سو روپئے الگ کر کے ایک کاغذ میں سنالنی کا نام اور ایڈریس لکھ کر رکھ دیتا ہے تاکہ وہ جب بھی موقع ملے گا وہ سنالنی جیسی ماں صفت عورت کے پیسے لوٹا دے گا۔ اپنے کیے کی معافی مانگے گا۔ لیکن قدرت کا کھیل دیکھیے کہ اسے پیسہ لوٹانے کا موقع ہی نہیں ملا اور اس سے پہلے ہی کسی نے اسے مار ڈالا۔ اور پولس اس ایڈریس کی وجہ سے تفتیش کے لیے سونالنی کے گھر پہنچ گئی۔ رگھو کی شناخت کے لیے۔

یہاں پر الیاس احمد گدی نے چابکدستی دکھائی ہے۔ کہیں بھی یہ موجود نہیں ہے کہ رگھو کو کس نے مارا۔ لیکن کہانی کو ترتیب در ترتیب جب سجاتے جائیں گے تو یہ بات سامنے آئے گی کہ مارنے والے وہی لوگ ہیں جن کا پستول لے کر رگھو بھاگا تھا۔۔۔۔۔ لیکن یہاں سوال یہ اُٹھتاہے کہ کیا رگھو کرمنل تھا۔ نہیں اور اگر ان دنوں وہ کرمنل بن بھی گیا تو بنایا کس نے؟ یہ کون نہیں جانتا کہ ہر جگہ غریبوں اور کمزوروں کا استحصال ہوتا ہے اور کچھ رگھو جیسے لوگ بھی ہیں جو ماں بہنوں کی عزّت بچانے کی خاطر احتجاج کرتے ہیں اور اپنی جان گنواتے ہیں۔

کہانی میں جہاں اچھائیاں ہیں وہیں کچھ کمیاں بھی ہیں۔ افسانہ نگار نے وہ کام کیوں نہیں کیاکہ جو اس کی بہن کی عزّت کے ساتھ برسوں سے کھیلتا آیا تھا اسے اسی کی پستول

سے مار گراتا۔ سنالنی کے گھر سے جب وہ غائب ہوا تو اس کے بعد کہانی میں اس کی شناخت ایک غنڈہ کی شکل میں ہی افسانہ نگار پولس والے کے سامنے رکھتا ہے۔ رگھو کا مارا جانا ایک عجیب سی بات لگتی ہے۔ جس کے ساتھ ظلم ہوا، وہی مارا گیا۔ کچھ حد تک منفی اثرات پڑھنے والے کے ذہن میں مرتسم ہوتے ہیں۔ سنالنی کے پتی کو جس نے مارا ہے اسے بھی پولس آخر تک پکڑ نہیں پاتی ہے۔ سنالنی کو ایک مضبوط کردار کے روپ میں بھی پیش کیا جا سکتا تھا۔ وہ بولڈ ہو کر رگھو کو پہچانتی اور ساتھ میں اپنے شوہر کی لڑائی بھی جاری رکھتی۔ رگھو کو پہچاننے سے انکار کرنے کی صورت میں ایک ٹیچر کا کردار کمزور پڑتا دکھائی دیتا ہے۔ اگر مان لیں کہ وہ رگھو کو پہچان لیتی اور اصل واقعہ پولس انسپکٹر کے سامنے رکھ دیتی تو اس سے کیا فرق پڑتا۔ کہیں ایسا تو نہیں کہ لوگوں کو پولس والوں پر بھروسہ نہیں رہا۔

افسانے کا انجام بہت کچھ کہتا ہے جس میں طنز بھی ہے اور مزاح کا پہلو بھی کہ ایک طرف ہم یہ دعوی کر رہے ہیں کہ تہذیب یافتہ ہیں اور چاند تک کا سفر طے کر لیا ہے، لیکن دوسری طرف لوگ قانون کی دھجیاں اُڑاتے ہوئے انسانیت کو بالائے طاق رکھ کر وحشی پن کی انتہا پر پہنچ چکے ہیں۔ افسانے کے اس آخری حصّے پر ایک نظر ڈالیے۔ سب کچھ عیاں ہو جائے گا:

"رگھو کی آپ بیتی سوچ کر سنالنی تڑپ اٹھی۔ دیر تک سوچتی رہی کہ یہ کس دور کی کہانی ہے۔ کیا یہ اسی بیسویں صدی کا واقعہ ہے جب آدمی چاند پر اتر رہا ہے؟ ساری تہذیب، سارا قانون، ساری انسانیت۔۔۔۔۔۔۔ کیا آج بھی ہم وہی غاروں میں رہنے والے وحشی ہیں؟ یا شاید اس سے بھی بدتر۔ بڑی دیر بعد سنالنی نے رگھو سے کہا۔ "تم یہ پستول پھینک دو اور گھر لوٹ جاؤ یا پھر پولس میں خبر کرو۔"

رگھو نے کوئی جواب نہیں دیا۔ چپ چاپ اٹھ کر اپنے کمرے میں چلا گیا۔

دوسرے دن سنالنی اسکول سے لوٹی تو اسے معلوم ہوا کہ رگھو کہیں چلا گیا ہے۔ گھر کی ساری چیزیں جوں کی توں موجود تھیں۔ البتہ سات سو روپے جو کل اس نے تنخواہ کے لا کر رکھے تھے، اس میں سے ایک سو روپے کا نوٹ غائب تھا۔

"شاید اب تک آپ کو یاد آ گیا ہو گا۔" انسپکٹر نے چائے ختم کر کے پیالی رکھتے ہوئے پوچھا۔

سنالنی چونکی، دم بھر کر سوچا، پھر بڑے اعتماد سے بولی۔ "نہیں، میں اس آدمی کو نہیں جانتی۔" ۸؎

سوال یہ ہے کہ اس افسانہ میں افسانہ نگار کس کی شناخت کرنا چاہتا ہے یا پولس سے کسی کی شناخت کروانا چاہتا ہے؟ کہانی پڑھنے کے بعد تو یہی معلوم ہوتا ہے کہ وہ مقتول رگھو کی شناخت سنالنی سے کروانا چاہتی ہے۔ یا اس پولس کی شناخت مقصود ہے جو جانتی سب کچھ ہے لیکن قاتل کو پکڑنے میں ناکام رہتی ہے۔ چشم دید کی شناخت بھی دھندلکے میں گم ہوتی ہوئی دکھائی دیتی ہے کہ وہ ایک انجانے خوف کی وجہ سے گواہ بننے سے دور بھاگتے ہیں۔ لیکن ان تمام باتوں کے باوجود افسانے میں ایک ایسی بات ضرور ہے جو خود کو پڑھوا لیتی ہے۔ یہ ایک عام سی کہانی ہوتے ہوئے بھی عام سی کہانی اس لیے نہیں رہتی کہ جس طرح سے افسانے کا تانا بانا بُنا گیا ہے وہ بہت موئثر ہے۔ اس وجہ سے اسے ایک اچھا افسانہ کہا جا سکتا ہے۔

☆

افسانہ 'گھر بہت دور ہے' میں الیاس احمد گدّی نے ایک ایسے جوڑے کو دکھانے کی کوشش کی ہے جس میں شوہر جب جسمانی طور پر کمزور ہو جاتا ہے اور اسے لگنے لگتا ہے کہ اب وہ کسی بے کار شئے کی طرح اس گھر میں موجود ہے تو اس کی حالت کپل جیسی ہو جاتی

ہے۔ اس کی سوچ میں راتوں رات تبدیلیاں رونما ہونے لگتی ہیں اور یہ تبدیلی اور بھی جان لیوا تب بن جاتی ہے جب اس کی بیوی ہر روز بن سنور کر آفس کے لیے نکلنے لگتی ہے۔ ایسے میں کپل جیسے شوہر کے ذہن میں بہت سارے سوالات جنم لیتے ہیں، جن کا جواب بیویوں کے پاس نہیں ہوتا ہے۔ جہاں تک بات جنسی خواہش کی ہے تو یہ ہر کسی کے اندر ہوتی ہیں۔ خواہ وہ مرد ہو یا عورت۔ کبھی انسان اس پر قابو پا لیتا ہے اور کبھی ناکام رہتا ہے۔ افسانے کا مرکزی کردار کپل ایک ایسا ہی شوہر ہے جو اپنی بیوی کو جسمانی خوشی عطا کرنے سے محروم ہے اور اس محرومی میں کیا کچھ ہوتا ہے اور کس کس طرح کی سوچ سے وہ گزرتا ہے وہ فکر انگیز ہے۔

افسانے کی شروعات کچھ اس طرح ہوتی ہے:

"اس نے دروازہ کھول کر اندر جھانکا۔ وہ ایزی چیئر پر بیٹھے بیٹھے ہی سو گیا تھا۔ شاید وہ کتاب پڑھ رہا تھا۔ جب نیند نے اس کو مغلوب کیا۔ کیونکہ کھلی کتاب ابھی تک اس کے گھٹنوں پر پڑی تھی۔ کتاب کو گرنے سے بچانے کے لیے اس نے اس پر ہاتھ رکھا ہوا تھا جو ابھی تک اُسے تھامے ہوئے تھا۔ اس کی ٹیڑھی سوکھی انگلیاں دور سے صاف دکھائی دے رہی تھیں۔ اس نے کئی دفعہ کہا تھا کہ ہمیشہ دستانے پہنے رہا کرو، اس کے لیے اس نے کئی طرح کے دستانے لا دیے تھے۔ گرم، ٹھنڈے، ہلکے، بھاری اور مختلف وضع کے۔ مگر وہ اکثر دستانے نہیں پہنتا۔ کہتا ہے دنیا سے تو بہت کچھ چھپایا جا سکتا ہے مگر اپنے آپ سے؟"9

یہاں افسانے کی شروعات میں ہی افسانہ نگار قاری کا ذہن اس طرف مبذول کرانے میں کامیاب ہوتا ہے کہ شوہر ایزی چیئر پر بیٹھا کتاب پڑھتے پڑھتے سو گیا ہے اور اس کی انگلیاں سوکھی اور ٹیڑھی ہیں۔ یہاں یہ بات بھی سامنے آتی ہے کہ بیوی چاہتی ہے

کہ اس کا شوہر دستانے پہنے تاکہ لوگوں کو اس کی سوکھی اور ٹیڑھی انگلی دکھائی نہ دے۔ یہاں یہ بات بھی دیکھنے والی ہے کہ ہم جس کے ساتھ جڑے ہوتے ہیں اس کی کمیاں اور کمزوریوں کو چھپانا چاہتے ہیں ایسا کرنے کا مطلب اپنی کمیوں کو چھپانا بھی ہوتا ہے تاکہ ان کمیوں پر دوسروں کی نظر نہ پڑے۔ لیکن یہاں بیوی چھپانا چاہتی ہے اور شوہر بے نیاز ہے۔ جیسا ہے ویسا ہی رہنا چاہتا ہے۔ اس کی سوچ الگ ہے کہ دوسروں سے چھپانے سے وہ چیز چھُپ تو جائے گی لیکن سوال یہی ہے کیا خود سے بھی اس عیب یا اس کمی کو وہ کبھی چھپا پائے گا اور اگر نہیں تو پھر کپل نے دستانہ نہیں پہن کر اپنی سوچ کو تقویت پہنچانے کی کوشش کی ہے۔

میاں بیوی دونوں کے درمیان ایک خوشگوار رشتہ دکھائی پڑتا ہے لیکن یہ رشتہ کمزور اس وقت ہوتا نظر آتا ہے جب کپل کو اس بات کا احساس ہو جاتا ہے کہ اب زندگی اس کے مطابق نہیں چل رہی ہے۔ وہ جس طرف اسے لے جائے گی اسے اس طرف جانا پڑے گا۔ اور وہ اس کے لیے تیار بھی ہو جاتا ہے۔ لیکن اس کے ساتھ انسان کو اپنی عزّت کا بھی پاس رہتا ہے۔ ایسے میں کہیں اس کی عزت پر کوئی حرف تو نہیں آرہا ہے، اس پر بھی اس کی نگاہ ہوتی ہے اور یہی سب اس افسانے میں دیکھنے کو ملتا ہے۔ کپل اس بات کو بخوبی جانتا ہے اور یہ بھی جانتا ہے کہ دنیا میں جو کچھ بھی ہم اپنی ضروریات کے لیے استعمال کرتے ہیں، عمارت کی تعمیر سے لے کر کمروں کے فرنیچر، دیواروں کی سجاوٹ، گھر کا ساز و سامان مختلف آرائشی چیزیں، ان میں سے زیادہ تر نمائش کے لیے ہوتی ہیں۔ دوسروں کو مرعوب کرنے کے لیے۔ لیکن یہاں ان ساری چیزوں کے ساتھ اس کے ذہن میں یہ بات پیدا ہوتی ہے انسان کو زندہ رہنے کے لیے بہت ساری چیزوں کی ضرورت نہیں ہے، کم میں بھی گزارہ کر سکتا ہے۔ بہت تھوڑے سے سامان کی ضرورت

پڑتی ہے اوران سامانوں میں ایک سامان کا ذکر انھوں نے خاص طور پر کیا ہے۔ سونے کے لیے ایک گرم بستر کی۔ لیکن اب وہ اس بات کو محسوس کرنے لگا تھا کہ اس کا وہ بستر جو کبھی گرم رہا کرتا تھا اوراس کی گرماہٹ سے اسے اچھّی نیند بھی آیا کرتی ہے، وہ سب قصّہٗ پارینہ بن چکے ہیں اور پھر جب ایک دن بستر کی اسی گرماہٹ کا ذکر بیوی نے کر دیا تو اس کے اندر ہلچل تیز ہوگئی۔

"اس کا بستر برابر ٹھنڈا رہتا ہے، کئی بار اس کی چادر درست کرتے وقت یا تکیہ کا غلاف بدلتے ہوئے جب بھی وہ اس کے بستر پر بیٹھی ہے اس کو ٹھنڈا ہی پایا ہے۔ ایک دن اس نے ایسے ہی بات بات میں کہا تھا کہ تمہارا بستر ٹھنڈا رہتا ہے۔ تم ڈاکٹر کو بتاتے کیوں نہیں؟ شاید تمہارے جسم کی حرارت ۔۔۔۔۔۔!"١٠

یہاں الیاس احمد گدّی نے ٹھنڈے اور گرم کے ذریعہ ایک اہم زاویے سے اس کو دکھانے کی کوشش کی ہے اوراس کوشش میں انھوں نے بیوی کے ذریعے شوہر کو کہلوایا بھی ہے کہ وہ ڈاکٹر سے رجوع کرے تاکہ زندگی کی حرارت نسوں میں پھر سے دوڑنے لگے۔ یہاں بیوی کے کہنے پر شوہر کے چہرے کا رنگ ایک دم بدل سا جاتا ہے۔ ایک ایسی نظروں سے دیکھتا ہے جسے دیکھ کر بیوی ڈر جاتی ہے۔ وہ پتھر کی طرح دکھائی دے رہا تھا۔ بیوی کو لگا کہ پلٹ کر وار کرے گا لیکن وہ خاموش رہتا ہے۔ کچھ حد تک نارمل دکھائی دیتا ہے۔ اس وقت بیوی کا شوہر کے پیچھے جاکر کھڑا ہو جانا اور بالوں کا سہلانا بھی بہت کچھ کہتا ہے۔ شاید یہ جو اس نے کہا تھا اسے نہیں کہنا چاہیے تھا۔ اس لیے وہ جاننا چاہتی ہے کہ کہیں اُسے برا تو نہیں لگا۔ لیکن بات شوہر کو بری لگی تھی اسی لیے تو وہ یکایک خاموش ہو گیا تھا اور اداس لہجے میں پوچھا تھا۔ "جانتی ہو جسم کی گرمی کیا ہوتی ہے؟" یہاں افسانہ نگار یہ بتانے میں کامیاب ہے کہ جسم کی آگ کیا ہوتی اور اسے کس طرح بجھایا جاتا ہے۔ اس

بات کو یہاں انھوں نے بیوی کے جذبات میں لپیٹ کر قاری کے سامنے پیش کیا ہے:

"برسوں کی ناآسودگی جسم کی ساری آگ بجھا دیتی ہے۔ اس لیے کبھی کبھی وہ پگھلتے پگھلتے اس حد تک پہنچ جاتی ہے کہ اس کا جی چاہتا ہے کہ وہ اپنے وجود کا ذرہ ذرہ اپنے بدن کی بوند بوند حرارت اس کو سونپ دے مگر وہ پھر اپنے آپ کو روک لیتی ہے۔ ڈاکٹروں نے کہا ہے برسوں کے ٹوٹے ہوئے رشتے صرف ایک گرم اور بھرپور محبت پر ٹکے ہوئے ہیں۔ ایک بے نیاز چاہت کچھ نہیں چاہیے، بس ایک رفاقت شاید ایک لفظ وفاداری یا شاید اس سے بھی ایک اچھا لفظ تیاگ۔ لیکن آدمی صرف دل و دماغ سے نہیں جیتا۔ ہر طرح کے تیاگ کے باوجود اس کے پاس ایک بھوکا اور ناآسودہ جسم بھی ہوتا ہے، جسم کی طلب بھی ہوتی ہے۔ یہ جسم سمندر کے جوار بھاٹے کی طرح چنگھاڑتا بھی ہے، بے چین بھی ہوتا ہے اور بعض اوقات ایک دم اس قدر سرکش ہو جاتا ہے جیسے سارا بند توڑ دے گا۔ سب کچھ بہالے جائے گا۔"[11]

ایسا اکثر دیکھا گیا کہ ناآسودگی انسان کو مضمحل اور پریشان کر دیتی ہے اور معاملہ اگر جنس کا ہو اور آسودگی کے سارے راستے بند ہو چکے ہوں تو دھیرے دھیرے خواہشات دب سی جاتی ہیں۔ لیکن ایسا ہمیشہ ہو ضروری نہیں ہے۔ شوہر کی دبی ہوئی خواہشات کو اُبھارنے کی وہ ہر ممکن کوشش کرتی ہے۔ جسم کی حرارت کو کشید کر کے وہ اس کے بستر پر رکھ دینا چاہتی ہے، لیکن ایسا کرنے سے پہلے ڈاکٹر کی باتیں اسے یاد آجاتی ہیں۔ اس کی صحت اور سلامتی کے لیے اس کا دور رہنا ضروری ہے۔ ورنہ سرد جسم میں گرماہٹ پیدا کرنے میں کہیں بے احتیاطی ہوئی تو پھر گرتی ہوئی صحت کو سنبھالنا اور بھی مشکل ہو جائے گا۔ ایسے وقت میں شوہر بھی احتیاط برتنے کی کوشش کرتا ہے اور اپنے آپ کو سنبھالتا ہے۔ لیکن کبھی کبھی اسے ایسا لگتا ہے کہ وہ خود کو سنبھال نہیں پائے گا۔ جسمانی سمندر میں

اُٹھنے والے جوار بھاٹے اس کے وجود کو اپنے ساتھ بہالے جائیں گے۔ لیکن یہاں بیوی کی ہمت اور ارادے کو داد دینے کو جی چاہتا ہے کہ وہ خود کو سنبھال لیتی ہے اور اپنے شوہر کو بھی نارمل رکھنے کی کوشش کرتی ہے۔

افسانہ نگار نے یہ واضح کیا ہے کہ ایسے جوڑے ایسے حالات میں کسی نفسیاتی الجھن کا شکار ہو جاتے ہیں، اس سے بچنے کے لیے وہ کسی نہ کسی کام میں خود کو مصروف رکھتے ہیں تاکہ ناآسودگی کے حصار کو توڑ کر وہ باہر نکل سکیں۔ ایسی زندگی جینے والے دوہری زندگی کے کرب کو بھی جھیلتے ہیں۔ یہاں شوہر کتابوں کی دنیا میں پناہ لیتا دکھائی دیتا ہے وہیں بیوی اپنے بچے شرو کی دیکھ بھال میں خود کو مستغرق رکھتی نظر آتی ہے۔ اور یہیں وہ زندگی کی ساری خوشیاں تلاش کرتی دکھائی بھی دیتی ہے۔ اس کی انگلیوں کا لمس اسے زندگی سے جوڑ کر رکھتا ہے۔ الیاس احمد گدی کے حساب سے یہ وہ راستے ہیں جس کا استعمال دونوں قصداً کرتے ہیں اور دونوں کو اس کا علم بھی ہے۔ یہاں تک کہ دونوں یہ جانتے ہیں کہ صحت یابی کے لیے اسپتال میں غیر معینہ مدت تک کپل کو رہنا پڑے گا اور اب ایسے میں گھر میں ساتھ ساتھ رہتے ہوئے بھی بیوی کپل کے لیے شجر ممنوعہ ہو چکی ہے۔ لیکن کبھی وہ اس پر لٹّو تھا۔ اس کی ایک ایک ادا پر مرتا تھا۔ بہانے سے نہ جانے کہاں کہاں چوم لیتا تھا۔ آسودگی کی خاطر کبھی کبھی رات کا بھی انتظار نہیں کرتا اور کالج سے جلد لوٹ آتا تھا۔ لیکن وقت نے سب کچھ بدل کر رکھ دیا تھا اب وہ پہلے کی طرح اسے نہ چاہتا ہے اور نہ ہی اس کی طرف للچائی ہوئی نظروں سے دیکھتا ہے۔ کیونکہ وہ اب دیکھ کر کیا کرے گا۔ چھو کر کیا کرے گا۔ وہ تو اندر ہی اندر مر چکا ہے۔ لیکن یہاں ایک سوال اس کے ذہن میں ضرور جنم لیتا ہے کہ کیا محبت کے لیے جسم اتنا ہی ضروری ہے؟ کیونکہ جب جسم کی گرماہٹ اس کے ساتھ تھی تو زندگی کا سارا حسن اس کی آنکھوں میں اُتر آتا تھا۔ لیکن اب

جب وہ اندر سے کمزور ہو گیا ہے تو ایسے میں وہ بیوی کی طرف دیکھنے سے بھی گھبراتا ہے۔اب اس کی پسند میں ایسے مغربی ناول زیادہ شامل ہو گئے ہیں جو جسم فروشی پر مبنی ہیں۔ مطالعے میں جو چیزیں ہوتی ہیں وہ ذہن پر اپنے اثرات بھی چھوڑتی ہیں۔ناول کا ہی اثر تھا کہ ایک دن وہ اپنی بھولی بھالی بیوی پر شک کرنے کی وجہ سے سوال کرتا ہے۔سوال کیا تھا اسے بھی سمجھنے کی ضرورت ہے۔ساتھ میں شوہر کی ذہنی حالت کا بھی اس سے اندازہ لگایا جاسکتا ہے:

"تمھارے دفتر میں تو بہت سے مرد کام کرتے ہوں گے؟"

"ہاں! کیوں؟"

"ظاہر ہے تمہارے ان ساتھیوں میں تمھارے کچھ دوست بھی ہوں گے۔۔۔۔؟"

"کیا مطلب۔۔۔۔؟" وہ چمکی تھی۔

"میر امطلب ہے کہ کچھ لوگوں کے سامنے تم کبھی کبھی کمزور بھی پڑتی ہو گی۔۔۔۔؟"

وہ ایک دم سے برہم ہو اٹھی تھی۔

"تم کہنا کیا چاہتے ہو؟ کیا تم مجھے بازاری عورت سمجھتے ہو؟ کیا تم سمجھتے ہو کہ میں باہر۔"

اس نے جملہ ادھورا چھوڑ دیا۔وہ روہانسی ہو گئی تھی۔

"دیکھو میر امطلب یہ نہیں تھا-" وہ بے حد سنجیدگی سے بولا۔"میر امطلب تھا کہ جب ہم نے عورتوں کو آزاد کر دیا، جب ہم اس کو بازار میں لے آئے تو پھر ہمیں اپنی عصمت کے بوسیدہ تصور کو بھی بدل دینا چاہیے۔ عورت بھی گوشت پوست کی بنی ہوئی ہے۔ وہ باہر سیکڑوں مردوں کے ساتھ رہتی ہے، وہ کہیں بھی کمزور پڑ سکتی ہے، کہیں ہار

بھی سکتی ہے۔!۱۲

یہاں پر اس گفتگو کی روشنی میں افسانہ نگار اشارے ہی اشارے میں یہ بتا دیتا ہے کہ کپل جو پہلے جسمانی بیماری کا شکار تھا اب نا آسودگی نے اس کے اندر شکوک و شبہات کو جنم دے دیا ہے جس کے باعث اب وہ ذہنی طور پر بھی بیمار ہو گیا ہے۔ جسمانی بیماری کو تو دوا سے ٹھیک کیا جا سکتا ہے، لیکن ذہنی بیماری کا علاج بہت مشکل ہوتا ہے۔ بیوی کو بھی لگتا ہے کہ اس کی بیماری بڑھ رہی ہے۔ وہ اسے سمجھانے کی کوشش کرتی ہے اور ساتھ ہی ساتھ دلاسہ بھی دیتی ہے کہ تم ایک دن ٹھیک ہو جاؤ گے اور پھر سب کچھ ٹھیک ہو جائے گا۔ لیکن کپل کا سچ اپنی جگہ پر ہے کہ اس کی ٹیڑھی انگلیاں مصافحہ کے لائق بھی نہیں۔ لوگ ملتے ہوئے جھجھکتے ہیں۔ ہاتھ ملاتے ہوئے گھبراتے ہیں۔ غلطی سے کوئی ہاتھ ملا بھی لیتا ہے تو وہ اس طرح ہاتھ ہٹاتا ہے جیسے ہاتھ میں کوئی گندگی ہو۔ ایسے ہی موقعوں کے لیے بیوی اس سے ہمیشہ کہتی ہے۔ اشارے کی زبان کو بھی سمجھنے کی ضرورت ہے۔ کہا کچھ جا رہا ہے لیکن اس کے پس پردہ بات کچھ اور ہے۔ یہاں الیاس احمد گدی نے بات ہی بات میں فن کے وہ دستانے بھی بیوی کے ہاتھوں شوہر کو پہنانے کی کوشش کہ ہے جو وہ پہننا نہیں چاہتا۔ یہ حصّہ بھی پڑھنے سے تعلق رکھتا ہے:

"اسی لیے تو کہتی ہوں کہ تم ہمیشہ دستانے پہنے رہا کرو۔" وہ گھبرا کر بولی اور کپل ہنس پڑا تھا۔

"کتنی سچائیوں کو دستانے پہناؤ گی؟ اس طرح کا ایک ننگا سچ وہ بھی ہے جو میں نے ابھی ابھی تم کو بتایا ہے۔ جانتا ہوں میری باتوں سے تم کو تکلیف ہوئی ہے۔ مگر کبھی ٹھنڈے دل سے سوچنا کہ میں نے جو کہا ہے کیا وہ سچ نہیں ہے۔ یا تم نے کبھی اپنے ساتھ کام کرنے والے مردوں کی آنکھوں پر غور کیا ہے؟ کیا ہے وہاں۔۔۔۔؟"!۱۳

یہاں پر افسانہ نگار نے کچھ دیر کے لیے بیوی کو سوچنے پر مجبور کر دیا ہے۔ لیکن سچائی یہ بھی ہے کہ وہ سب کچھ جانتی ہے کہ ان آنکھوں میں کیا رہتا ہے۔ وہ آنکھیں اس کے اندر کیا ڈھونڈتی ہیں۔ کچھ آنکھیں تو ایسی ہوتی ہیں جو چھید کر اس کے اندر اُتر جانے کے لیے بے تاب نظر آتی ہیں۔ نشیب و فراز سے گزر جانے والی آنکھوں سے وہ اپنے آپ کو محفوظ رکھتی آئی تھی۔ لیکن جب کپل نے اسے یاد دلایا اور پوچھا تو وہ انکار کر دیتی ہے کہ کوئی ایسا نہیں ہے جس کی آنکھیں گوشت پوست کے اندر انی بن کر اترنے کے لیے بے تاب ہیں۔

اس کے بعد افسانہ کلائمکس کی طرف بڑھتا ہے۔ یقیناوہ اس رات بہت مشکل سے سوئی ہوگی اور جب سوئی ہوگی تو خیالات کا لامتناہی سفر سامنے شروع ہو گیا ہو گا۔ وہ خود کو ایک سنسان سڑک پر دیکھتی ہے اور کیا دیکھتی ہے کہ تین ریچھ اس کا پیچھا کر رہے ہیں، جن کا سر انسان کا ہے۔ وہ پہچان بھی لیتی ہے۔ وہ تینوں کوئی اور نہیں اس کے دفتر کے ہی لوگ ہیں جنھیں وہ اچھی طرح جانتی اور پہچانتی بھی ہے۔ وہ خوف زدہ ہو کر ان ریچھوں کے چنگل سے نکل بھاگنا چاہتی ہے۔ لیکن تیز بھاگ نہیں پاتی ہے اور پکڑی جاتی ہے۔ مدافعت کرتی ہے۔ لیکن سب بے سود۔ دھیرے دھیرے اس کے کپڑے پھٹتے چلے جاتے ہیں۔ وہ ہارتی چلی جاتی ہے۔ کیونکہ وہ بھاگ کر گھر نہیں پہنچ سکتی۔ گھر اسے وہاں سے بہت دور دکھائی دیتا ہے۔

کلائمکس میں خواب۔ اور خواب کی تعبیر پر آپ نظر ڈالیں تو اس نتیجے پر پہنچیں گے کہ کپل جس کے اندر کی جنسی قوّت کسی بیماری کی وجہ سے ختم ہو چکی ہے، وہ اپنی خوبصورت بیوی پر شک کرنا شروع کرتا ہے کہ اگر اس سے اس کی خواہش پوری نہیں ہو پارہی ہے تو وہ اس خواہش کی حصولیابی کے لیے دوسروں سے رشتے استوار کر رہی ہوگی۔

لیکن اس وقت تک جب تک کپل اس سے اس سلسلے میں کچھ نہیں کہتا ہے وہ خود کو محفوظ رکھ پانے میں کامیاب دکھائی دیتی ہے، لیکن جیسے ہی وہ اس طرح کی بات کرتا ہے بیوی کی خواہشات میں اُبال آجاتا ہے۔ ناآسودگی سے آسودگی کا سفر شروع ہو جاتا ہے اور یہی وہ سفر ہے جو لاشعور سے شعور کی سطح پر چلا آتا ہے۔ خواب ہی میں سہی اس کی خواہشات کی تکمیل ہوتی نظر آتی ہے۔ مدافعت کرنے کی طاقت روز بروز کم ہوتی چلی جاتی ہے اور وہ مردوں کے چنگل میں پھنستی دکھائی دیتی ہے۔ آخر میں افسانہ اس ایک جملہ پر ختم ہوتا ہے۔ "ہاں گھر بہت دور ہے۔" اس سے یہ مطلب بھی نکالا جا سکتا ہے کہ اب وہ دیر سے گھر لوٹنے لگی ہے۔ کپل سے دوری بڑھتی جا رہی ہے۔ ایسے بہت سارے جوڑے ہمارے یہاں موجود ہیں جنھیں گھر کے اندر خوشیاں نہیں ملتی ہیں تو باہر کی دنیا انھیں دور سے پہچان لیتی ہے۔ ان کے پیچھے پڑ جاتی ہے۔ مجبور کر دیتی ہے۔ اتنا کہ وہ ایک مقام پر پہنچ کر مدافعت تو کرتے ہیں لیکن اس میں خود سپردگی کا جذبہ بھی موجود ہوتا ہے۔ ناآسودگی سے آسودگی کی طرف یہ افسانہ دھیرے دھیرے سفر کرتا ہے۔ جسے ہم ایک اچھا افسانہ کہہ سکتے ہیں۔

☆

الیاس احمد گدی کا افسانہ 'آخری حربہ' کا شمار جدید افسانوں میں ہوتا ہے۔ یہ اس دور کا افسانہ ہے جس دور میں جدیدیت اپنے عروج پر تھی۔ تشبیہ، استعارہ اور علامتوں کے ذریعہ بات کو جدید پیرائے میں رکھنے کا رواج عام تھا۔ لیکن اس عام کو خاص بنانے کا ہنر الیاس احمد گدی کو بخوبی آتا تھا۔ اس لیے انھوں نے جدید مکالماتی طرز اسلوب اختیار کرتے ہوئے واقعات کا ایک ایسا بیان پیش کیا ہے جس سے معنویت کی نئی دنیا افسانے میں آباد ہو گئی ہے۔ اچھی بات یہ ہے کہ انھوں نے اسے گنجلک بنانے کی کوشش نہیں کی بلکہ

ترسیل کے لیے ایسی افسانوی فضا قائم کی ہے کہ قاری کچھ دیر بھول بھلیوں میں تو بھٹکتا ہے لیکن پھر وہاں پہنچ جاتا ہے جہاں افسانہ نگار پہنچانا چاہتا ہے۔ شروعات پر نظر ڈالیے:

"ان میں جو سب سے کم عمر تھا اُس نے اُٹھ کر ایک چھوٹا سا سوال کیا۔
"آپ لوگوں میں سے کسی نے اس کی شکل دیکھی ہے؟"
لمبی میز کے ارد گرد بیٹھے لوگوں نے ایک دوسرے کی طرف دیکھا۔ مایوسی سے ان کے چہرے لٹک گئے تھے، ایک آدمی اُٹھ کر کہنا شروع کیا:
"میں نے اس کی شکل تو نہیں دیکھی، مگر ٹھیک اس وقت جب وہ تخت و تاراج کے بعد واپس لوٹ رہا تھا اس کی پشت دیکھی تھی۔ آپ یقین کیجیے اس کی پشت اتنی چوڑی تھی جیسے پانچ چھ آدمیوں کی پشت ایک ساتھ ملا دی گئی ہو۔ ایک شانے سے دوسرے شانے تک کی چوڑائی لگ بھگ چار فٹ ہو گی۔"۱۴

افسانے کے ان ابتدائی جملوں سے گزرنے کے بعد کوئی بھی یہ سوچ سکتا ہے کہ جب اتنے اہم معاملے کو سلجھانے کے لیے محلے والے جمع ہوئے ہیں اور بھیڑ کو مخاطب ایک کم عمر لڑکا کر تا ہے۔ ویسے یہ سوال کسی بزرگ سے یہاں کروانا چاہیے تھا۔ ایسا ہو سکتا ہے کچھ باتیں بین السطور کا حصّہ ہوں۔ ممکن ہے جہاں سے افسانے کی ابتدا ہو رہی ہے وہ ابتدا نہ ہو۔ بات پہلے سے بزرگوں کے درمیان چل رہی ہو اور بیچ میں کم عمر لڑکا چھوٹا سا سوال لے کر سامنے آ گیا ہو اور افسانہ نگار اس چھوٹے سے سوال میں اتنا محو ہو گیا ہو کہ اس جملے سے ہی آغاز کرنا مناسب سمجھا ہو۔ خیر یہ ساری باتیں اپنی جگہ لیکن جو سوال قائم ہوا تھا وہ سوچ کو متزلزل کر دینے والا تھا۔ اس وقت جو باتیں چل رہی تھیں ان کے مطابق کوئی ایسا تھا جس نے اس علاقے میں کچھ ایسا کر دیا تھا جو کسی کے سان گمان میں نہیں تھا اور جو ہوا تھا اس سے سبھی خوف زدہ تھے اور اب اس خوف سے نکلنا سب کے

لیے ضروری تھا۔ لیکن خوف بستی میں کس طرح در آیا تھا، کون لایا۔ وہ کیسا دکھتا ہے کسی کو نہیں معلوم تھا۔ بستی کو خوف سے باہر نکالنے اور لوگوں کو زندگی سے جوڑنے کے لیے ضروری تھا اس شخص کی تلاش کی جائے جو بستی میں خوف کی وجہ بنا ہوا ہے۔ یہ میٹنگ اسی خوف سے نجات کے لیے کی جا رہی تھی۔ لیکن کسی کو کچھ معلوم نہیں تھا۔ صرف ایک شخص تھا جس کے مطابق اس نے پیچھے سے دیکھا تھا۔ اسے ایسا دکھائی دیا جیسے کوئی ظالم بادشاہ کسی علاقے کو زیر کر کے اپنے پیچھے ظلم کی کہانی چھوڑنے کے بعد نہایت ہی مغرور چال چلتا ہوا آگے بڑھتا دکھائی دیتا ہے۔ اس دیو قامت شخص کے سامنے آنے کی کسی میں طاقت نہیں تھی۔ پیچھے سے پشت کا دیکھنا اور وہ بھی پانچ چھ آدمیوں کے برابر ہونا اور ایک شانے سے دوسرے شانے کی چوڑائی چار فٹ کے قریب دکھائی دے رہی تھی۔ یہاں یہ سب افسانے میں طاقت کے ساتھ غرور اور انانیت کی نشانی ہے۔ آگے پھر وہی شخص کچھ نئے انکشاف کے ساتھ سامنے آتا ہے کہ وہ مادر زاد ننگا تھا اور اس کے بازو ہاتھی کے پیر جیسے تھے۔۔۔۔۔۔۔۔ مادرزاد ننگا ہونا، مطلب صاف ہے اس کے اندر شرم نام کی کوئی چیز نہیں تھی۔ انسانی تہذیب دور سے بھی اسے چھو کر نہیں گزری تھی۔ اس کا شغل انسانیت کا ننگا کھیل تھا۔ جب جہاں چاہے کسی کو بھی ننگا کر سکتا ہے اور خود بھی ننگا ہو سکتا ہے۔

افسانہ آگے بڑھتا ہے۔ لوگ اب بھی ہال میں جمع ہیں۔ اس عجیب و غریب شخص کے معمے کو سلجھانے کے لیے۔ یہاں الیاس احمد گدی نے افسانے میں ایک چھوٹی سی کھڑکی کھولنے کی کوشش کی تاکہ قاری تک وہ انسانی جسم اور اس کے کپڑوں کے جلنے کی بدبو کو لوگوں کے اندر اُتار سکے۔ تعفُّن اور سڑانڈ کی وجہ سے لوگوں کی آنتوں میں اینٹھن سی ہو جائے۔ بدبودار دھوئیں سے بچنے کے لیے لوگوں نے رومال اپنے چہرے پر رکھ لیا

تھا۔ لیکن کب تک رکھتے۔ کہاں تک لوگ تیز بدبودار دھوئیں کے مرغولے سے بچتے۔ ہوا کا ایک تیز جھونکا ہی کافی تھا اور ہوتا بھی یہی ہے کہ وقت کی بے رحم ہوا ادھر رومال کے ساتھ چھیڑ چھاڑ کرتی ہے اور اپنے ساتھ دور اُڑا لے جاتی ہے۔ جس کی وجہ سے بدبو ناک کے راستے جسم میں حلول کر جاتی ہے۔ ناقابل برداشت بدبو سے لوگوں کا دم گھٹنے لگتا ہے۔ دراصل یہاں اس دیو قامت شخص کو بدبو اور تعفن کا استعارہ بنا کر افسانہ میں پیش کرنے کی سعی کی گئی ہے۔

تہذیب کے جو پرخچے اڑے تھے اس کے لیے ایک شخص نے مادر زاد شخص کو اس کا نشانہ بنایا تھا، لیکن جیسے ہی بدبو ہال میں داخل ہوئی ایک دوسرے شخص کو وہ شخص جو انسانی کھیتوں میں آگ کی فصل بو رہا تھا، ہر طرف بدبو اور تعفن پھیلا رہا تھا وہ لحیم شحیم کے بجائے دبلا پتلا دکھائی دیتا ہے جس کا نہ کوئی چہرہ تھا اور نہ ہی آنکھیں۔۔۔۔۔ گردن سے اوپر سر نہیں تھا اور آنکھ کی جگہ جلتے ہوئے دو انگارے اور ہاتھ خون سے لت پت تھا۔ دلچسپ بات یہ بھی ہے کہ کسی کو وہ چاروں ہاتھ پیر سے چلتا ہوا دکھائی دیا۔ جس کے جسم پر بال تھے اور ناخن لمبے نکیلے تھے۔ جو نشانیاں تھیں ان کی مناسبت سے کوئی جانور ہو سکتا تھا لیکن لوگوں کی بصیرت دیکھیے کہ انھوں نے جانور یا درندہ ماننے سے انکار کر دیا تھا کہ بھلے نشانیاں اس طرف اشارہ کرتی ہوں لیکن یہ کوئی انسان ہی ہے۔ انسان ہی اس دھرتی کا ایسا کرتب باز ہے جو پل پل اپنا روپ بدل سکتا ہے۔ انسان سے بڑا بہروپیا کوئی نہیں ہو سکتا ہے۔ اپنے آپ کو بدلنے اور دوسرے کو دھوکا دینے کے معاملے میں انسان ابتدائے آفرینش سے بہت سارے کارنامے انجام دے چکا ہے لیکن اس کے بعد بھی کچھ لوگ نشانیوں کو لے کر مشکوک تھے۔ ان میں سے ایک شخص نہایت ہی سنجیدگی سے اپنی بات رکھتا ہے جو بے حد اہمیت کا حامل ہے:

"یہ عجیب بات ہے، ہم انٹلکچوئل لوگ ہیں، دانشور ہیں، ہمارے بیان میں اس قدر تضاد نہیں ہونا چاہیے۔ ایک صاحب کہتے ہیں وہ بہت موٹا تھا۔ دوسرے فرماتے ہیں کہ نہیں بہت دُبلا تھا۔ یہ کیسے ہو سکتا ہے۔۔۔۔۔۔؟"۱۵

یہاں پر جس ذہنیت کا ثبوت یا سنجیدہ پن دکھانے کی کوشش کی گئی ہے اس کی وجہ سے پڑھتے پڑھتے قاری کچھ دیر کے لیے ٹھہر جاتا ہے کہ یہ کہیں افسانہ نگار کی آواز تو نہیں ہے جو لوگوں کو متنبہ کر رہی ہے کہ جب ہم جیسے پڑھے لکھے لوگوں میں اتنا تضاد ہے کہ ایک ہی چیز کو دیکھنے اور دکھانے کا نظریہ زاویہ کے بدلتے ہی الگ ہو جاتا ہے تو ایسے میں کسی مسائل کا حل تلاش کرنا بہت مشکل ہے کیونکہ تعفن پھیلانے والا ایک شخص کسی کو موٹا تو کسی کو دُبلا دکھائی دیتا ہے۔ یہ تضاد اس سوچ کی طرف اشارہ کرتا ہے کہ لوگ اپنے مفاد کے لیے اپنے پیمانے خود بناتے ہیں۔ متحد ہو کر کوئی رائے نہیں رکھ پاتے۔ جس کی وجہ سے ملک کے لیے کوئی بڑا اور اہم کام ہوتے ہوتے خلا میں معلق ہو کر رہ جاتا ہے۔ اسے یہاں سیاسی چشمے سے بھی دیکھ سکتے ہیں۔ اقتدار میں رہنے والی اور مخالف پارٹیاں ایک ہی واقعے کو اپنے اپنے فائدے اور نقصان کی مناسبت سے میڈیا میں رکھتے ہیں جو اکثر بے وقوفی بھری ہوتی ہیں۔ رٹو طوطے کی طرح سب ایک ہی رٹ لگاتے رہتے ہیں۔ پارٹی لائن سے ہٹ کر اپنی بات رکھنے کی ہمت کتنوں میں ہوتی ہے۔ بس سب لکیر پیٹتے رہتے ہیں۔ مقصد ایک ہی ہوتا ہے سچ کو جھوٹ اور جھوٹ کو سچ ثابت کرنا۔ اور اس میں مذہب بھی پستا ہے۔ بات کچھ ہوتی ہے اور بتائی کچھ اور جاتی ہے۔ خوشیوں بھرے تہوار جیسے موسم میں بھی قتل و غارت گری کے چولہے پر سیاسی روٹیاں سینکی جاتی ہیں جسے افسانہ نگار ایک شرم ناک لمحے سے تعبیر کرتا ہے۔

افسانہ کے وسط تک اس عجیب و غریب خوفزدہ کرنے والے شخص کی خصوصیات پر

بحث جاری رہتی ہے۔ مثلاً وہ جہاں چاہے وہاں نمودار ہو سکتا ہے، جب چاہے ایک جگہ سے غائب ہو کر دوسری جگہ حاضر ہو سکتا ہے، جس آدمی کے اندر چاہے حلول کر کے اس سے تاخت و تاراج کا کام لے سکتا ہے اور اس کے متعلق یہ اندازہ لگانا کہ وہ کب کہاں دکھائی دے گا مشکل ہے۔ لیکن اس کے باوجود لوگوں کا ایسا ماننا تھا کہ ایسے کچھ آثار ضرور نمودار ہوئے ہوں گے جو ان کی آمد کے گواہ ہوں گے۔

"یقیناً۔ اکثر ایسی جگہوں پر اس کے پیروں کے بڑے بڑے نشان دیکھے جاتے ہیں۔ ہوا تھم سی جاتی ہے۔ فضا ایک دم ساکت ہو جاتی ہے۔ چاروں طرف ایک عجیب قسم کی تیز بو پھیل جاتی ہے ایک ایسی بو جو نتھنوں سے گزرتی ہے تو دماغ پر چڑھنے لگتی ہے۔ جھلاہٹ عام ہونے لگتی ہے۔ لوگ ایک دوسرے کی بلکہ بعض اوقات اپنی پہچان کھونے لگتے ہیں۔"

"اور اس سے بھی حیرت انگیز یہ ہے کہ وہ اچانک کہیں پر، کسی بھی وقت خاص طور پر پرب تہواروں کے موقعے پر نمودار ہو جاتا ہے۔ اس کی ناک، آنکھ، کان اور منہ کے سوراخوں سے آگ کے شعلے نکلتے ہیں۔ وہ ہوا کے جھونکے کی طرح سارے علاقے میں دندانے لگتا ہے۔ مکان اور دکانیں دھڑا دھڑ جلنے لگتے ہیں، دھوئیں سے سارا ماحول اٹ جاتا ہے۔ پھر وہ ہزارہا معصوم اور بے ضرر انسانوں کے اندر حلول کر جاتا ہے اور لوگ ایک دوسرے کو بھنبھوڑنے لگتے ہیں۔ بھائی بھائی کا گلا کاٹنے لگتا ہے۔ تمام خون بہنے لگتا ہے، تمام راکھ بکھر جاتی ہے، راکھ۔۔۔۔۔۔راکھ۔۔۔۔۔۔راکھ۔۔۔۔۔" ١٦

الیاس احمد گدّی نے اس کے آنے کی جو نشانیاں علامتوں کے ذریعہ پیش کی ہیں سے ان سے یہ سمجھنے میں آسانی ہوتی ہے۔ یہ سب کچھ ہندوستان میں خاص کر کسی خاص تہوار یا کسی خاص موقعے پر جس طرح کا ماحول بنتا ہے جس طرح سے فسادات ہوتے

ہیں۔ انسانوں کے ساتھ خون کی ہولیاں کھیلی جاتی ہیں۔ مکانوں دکانوں کو جس طرح سے جلایا جاتا، لاکھوں کروڑوں روپئے کا جس طرح نقصان ہوتا ہے وہ ملک کو پیچھے دھکیلتا رہتا ہے۔ جس کے باعث کچھ خاص علاقے میں خوف وہراس کا ماحول بنا رہتا ہے۔ کچھ خاص تہوار کی آمد پر اچانک سب کچھ بدل سا جاتا ہے۔ خوف کی چادر چاروں طرف بچھ سی جاتی ہے۔ افسانہ نگار کو اس بات کا افسوس ہے کہ ہم سب ہندوستانی ہیں، آپس میں بھائی بھائی ہیں تو پھر ایک دوسرے کا گلا کاٹنے کے لیے کیوں تیار ہو جاتے ہیں۔ اس عفریت سے مقابلہ کرنے کی طاقت ہمارے اندر کیوں پیدا نہیں ہوتی۔ اسی عفریت کو پکڑنے کی تلاش میں افسانہ نگار لگا ہوا ہے اور کوئی ایسا حربہ تلاش کرنے میں مصروف ہے یا کوئی ایسا طریقۂ کار استعمال کرنے کی جدوجہد میں لگا ہوا ہے تا کہ ایسے مفاد پرست لیڈران جو عفریت بن کر ملک کو نگل رہے ہیں، دہشت پھیلانے میں پیش پیش ہیں ان کا جڑ سے خاتمہ ہو سکے۔ لیکن یہ کون کرے گا؟ یہ اہم سوال ہے۔ جواب بھی افسانے میں موجود ہے کہ عفریت سے جنتا کو نجات دلانے کا کام حکومت کا ہے۔ اس لیے ہمیں احتجاج کرنا ہے عفریت کے خلاف۔ آواز اُٹھاتے رہنا ہے تا کہ حکومت کی آنکھ کھلے۔

افسانہ اپنے کلائمکس کی طرف بڑھتا ہے۔ کھچاکھچ بھرے ہال سے لوگ خوف زدہ باہر نکلتے دکھائی دیتے ہیں۔ میٹنگ میں لاکھ کوشش کے باوجود کوئی فیصلہ نہیں ہو پاتا ہے۔ اس شخص کو تلاش کرنے اور ختم کرنے کا کوئی راستہ دکھائی نہیں دیتا ہے۔ اس لیے سب کے چہرے پر خوف طاری ہے۔ یہاں تک پہنچتے پہنچتے افسانہ نگار کے علاوہ ہال میں صرف ایک شخص بچ جاتا ہے، بچ جاتا نہیں، بلکہ بچایا جاتا ہے، تا کہ ماحول کو اپنے مطابق اور بھی پراسرار بنا کر، چاروں طرف گہری خاموشی پھیلا کر افسانہ نگار اس سے وہ بات کہلوا سکے جو انھیں افسانے میں کہنا تھا:

"لوگوں نے اس کے چہرے مہرے کی بات کی، اس کے ڈیل ڈول کا ذکر ہوا۔ اس کے ذریعہ مچائی گئی تباہ کاریوں پر آنسو بہائے گئے مگر وہ اصل بات پر سوچنے کی ضرورت تھی اور غالباً سب سے زیادہ ضرورت تھی، لیکن اس پر غور ہی نہیں کیا گیا۔۔۔۔۔۔ ہمیں صرف اس بات پر غور کرنا چاہیے تھا کہ وہ کون سا حربہ ہے، جس سے اس کو ختم کیا جاسکتا ہے!"

وہ چپ ہو گیا، پھر اس نے بے خیالی میں میز پر پڑے قلم کو اُٹھالیا اور اس کی نِب کی نوک کو شہادت کی انگلی پر رکھ کر یوں دیکھنے لگا، جیسے کسی ہتھیار کی دھار دیکھ رہا ہو۔ "[17]

اس شخص کے مطابق میٹنگ میں ساری باتیں ہوئیں۔ اس کے ڈیل ڈول جسم، مچائی گئی تباہ کاریوں، لٹے لٹائے لوگوں کی آنکھوں سے گرتے آنسو اور جلتی دکانوں اور مکانوں کے گرتے شٹر سے لے کر جلتی لاشوں کی بدبو تک، بہت کچھ۔ لیکن وہ بات نہیں ہوئی جو ہونا چاہیے تھا اور یہی وہ دکھ تھا کہ اتنی گفتگو کے بعد بھی مسئلے کا کوئی حل نہیں نکلا تھا۔ تو پھر ایسی میٹنگ کا فائدہ کیا اور اگر ایسی میٹنگیں ہوتی ہیں۔ اور لوگ سر جوڑ کر بیٹھتے ہیں تو صرف تقریر کرنے سے کام نہیں چلے گا بلکہ حل کے لیے پہل بھی کرنا ہو۔ کوئی نہ کوئی حربہ تو استعمال کرنا ہی ہو گا۔ اپنے دشمن سے لڑنے کے لیے۔ اپنے دشمن کو پکڑنے کے لیے۔ اپنے دشمن کا صفایا کرنے کے لیے اور یہ دشمن کوئی اور نہیں، فساد ہے جو بدقسمتی سے اب ایک تہوار کی شکل اختیار کر گیا ہے۔ اسے لوگوں کے ذہن سے نکالنا ہو گا۔۔۔۔۔۔ بھیڑ پر گولی نہیں، بلکہ بھیڑ کو جمع کرنے والے بھیڑئے پر گولی چلانی ہو گی۔

لیکن اس کے لیے افسانہ نگار نے اس آخری حربے کا ذکر کیا ہے۔ یعنی جب سارے راستے بند ہو جائیں اور وہ کام جب گولی سے ہوتا دکھائی نہیں دے، تب بھی ہمت نہیں

ہارنی چاہیے۔ قلم کی معمولی سی دکھنے والی نوک کو ہتھیار بنا کر میدان کار زار میں اُتر جانا چاہیے کہ قلم کی طاقت کے آگے بڑی بڑی طاقتیں سرنگوں ہوئی ہیں۔ یقیناً یہ آخری حربہ کام آئے گا اور عفریت کے خلاف اس جنگ میں یقیناً ایک دن معمولی سی دکھنے والی قلم کی نوک کی جیت ہو گی۔

☆

الیاس احمد گدی کے ان چار افسانوں کو میں نے موضوعِ بحث بنایا ہے جو ان کے کسی مجموعے میں شامل نہیں ہیں، ان کے تجزیاتی مطالعے کے بعد میں اس نتیجے پر پہنچا ہوں کہ الیاس احمد گدّی اپنے دور کے صاحب اسلوب اور منفرد افسانہ نگار ہیں۔ ان پر جتنا کام ہونا چاہیے تھا، نہیں ہوا ہے۔ آج ضرورت اس بات کی ہے کہ ان کے وہ افسانے جو ہند و پاک کے اہم رسائل میں بکھرے پڑے ہیں ان افسانوں کی تلاش کی جائے اور از سر نو گفتگو کے دروازے وا کیے جائیں، تاکہ فن کے ساتھ انصاف ہو سکے۔ جتنا کام ان پر ہونا چاہیے تھا، وہ نہیں ہوا ہے۔ اس کے باوجود اردو فکشن کے حوالے سے جو بھی تاریخ لکھی جائے گی وہ الیاس احمد گدّی کے نام کے بغیر ادھوری سمجھی جائے گی۔

حواشی

۱۔ افسانہ 'سناؤں تمھیں بات ایک رات کی' الیاس احمد گدی، ایوان اردو، دہلی، اگست ۱۹۹۵، ص ۱۹

۲۔ ایضاً، ص ۱۹-۲۰

۳۔ ایضاً، ص ۲۰

۴۔ ایضاً، ص ۲۲

۵۔ ایضاً، ص ۲۲

٦۔افسانہ 'شناخت' الیاس احمد گدی، رسالہ 'شمع' کہانی نمبر ۱۹۸۶، ص ۱۴۲

٧۔ایضاً، ص ۱۴۲

٨۔ایضاً، ص ۱۴۵

٩۔افسانہ 'گھر بہت دور ہے' الیاس احمد گدی

١٠۔ایضاً

١١۔ایضاً

١٢۔ایضاً

١٣۔ایضاً

١٤۔افسانہ 'آخری حربہ' الیاس احمد گدی

١٥۔ایضاً

١٦۔ایضاً

١٧۔ایضاً

* * *

قیصر تمکین کی افسانہ نگاری

فیضان الحق

بیسویں صدی کے نصف آخر کے افسانہ نگاروں میں قیصر تمکین ایک اہم نام ہے۔ قیصر تمکین کی پیدائش لکھنؤ میں ہوئی لیکن انھوں نے انگلستان ہجرت کر کے اسے اپنا مستقل ٹھکانا بنا لیا۔ قیصر تمکین کے بیشتر افسانوں کا خام مواد ہندوستانی مسائل، فرقہ واریت، مشترکہ تہذیب کے زوال اور روایت سے منحرف مسلمان بچوں کی نفسیات سے تیار ہوا ہے۔ قیصر تمکین کا عہد تقسیم کے معاً بعد کا عہد ہے۔ یہی وہ دور ہے جب ہندوستان کی گنگا جمنی تہذیب کو پامال کرنے کے لیے انتہا پسند طاقتوں کی سازشیں شروع ہوئیں۔ قیصر تمکین نے ان سازشوں کو کامیاب ہوتے اور باہمی رواداری کو مٹتے دیکھا تھا۔ یہی وجہ ہے کہ ان کے افسانوں کے مرکزی موضوعات فرقہ واریت، قومی انتشار اور فسادات کے سبب رونما ہونے والے منفی نتائج ہیں۔ فسادات کے متعلق ان کے افسانوں کا دائرہ ہندوستان تک محدود نہیں بلکہ اسرائیل و فلسطین اور جرمن نازیوں کے مابین تنازعات تک پھیلا ہوا ہے۔ اس نوعیت کے نمائندہ افسانوں میں یہود دن، کفارہ، یروشلم یروشلم، درگاہ شریف، اللہ اکبر اور ایک کہانی گنگا جمنی وغیرہ کے نام قابل ذکر ہیں۔

قیصر تمکین بیشتر مقامات پر فرسودہ روایتوں کے خلاف علم بغاوت بلند کرتے نظر آتے ہیں۔ اس موضوع پر ان کا سب سے طویل اور عمدہ افسانہ 'ژنیت' ہے۔ فرسودہ

اقدار کے خلاف بغاوت کا جذبہ اس افسانے میں کامیابی کے ساتھ ظاہر ہوا ہے۔ ان کی ترقی پسندی انھیں مذہب، ملک اور قوم کے دائروں سے پرے ہو کر غور و فکر کا موقع فراہم کرتی ہے۔ وہ جذباتیت اور انتہا پسندی کو نقصان دہ ثابت کرتے ہوئے اسے فساد کی جڑ قرار دیتے ہیں۔ یہ جذباتیت کس طرح بڑے بڑے نقصانات کو جنم دیتی ہے اس کی ایک مثال افسانہ 'ایک کہانی گنگا جمنی' کے کردار 'مولوی حقی' ہیں۔ جنھوں نے گلی کے ایک بندر پر انتقاماً لاٹھی چلا کر شر پسندوں کے لیے فرقہ وارانہ فساد برپا کرنے کے لیے ایک بڑا موقع فراہم کر دیا تھا۔

قیصر تمکین کے افسانوں کے بیشتر کردار خیالی دنیا کے بجائے آس پاس کے ماحول سے سروکار رکھتے ہیں۔ علامتی اور تجریدی افسانہ نگاری سے یقیناً انھوں نے اثر قبول کیا ہے لیکن یہ رنگ ان کے افسانوں پر حاوی نہیں ہونے پاتا۔ ان کی یہ خواہش بھی نہیں تھی کہ انھیں ایک علامتی اور تجریدی افسانہ نگار کے طور پر یاد کیا جائے۔ البتہ انھوں نے اپنے افسانوں کو سپاٹ بیانیہ اور طے شدہ انجام پر ختم ہونے سے بچانے کی کوشش ضرور کی ہے۔ یہ خوبی جدید معاشرے پر نظر رکھنے والے افسانہ نگار کے یہاں ہی پیدا ہو سکتی تھی۔ قیصر تمکین کے بقول "ان کہانیوں میں کہیں کہیں یہ کوشش مستور ہے کہ "پھر کیا ہوا؟۔ یہ تجسس اس بات کی علامت ہے کہ کہانی کبھی ختم نہیں ہو سکتی اور نہ ہی اس کا طے شدہ انجام ہوتا ہے۔ جس طرح زندگی مختلف جہتوں میں آگے بڑھ جاتی ہے، اسی طرح کہانی بھی کہیں ختم ہو کر کہیں سے شروع ہو جاتی ہے۔

قیصر تمکین کے بعض افسانے قدیم ہندو دیومالا، اساطیر اور مابعد الطبیعاتی عناصر کی عکاسی بھی کرتے ہیں، لیکن ان کے کرداروں کی ارضیت، موجودہ معاشرے کی تصویر کشی اور رہن سہن جلد ہی قاری کو ایک جانی پہچانی دنیا میں داخل کر دیتے ہیں۔ ان کے

افسانوں کا ابہام تفہیم کی سطح پر چیستاں نہیں بننے پاتا۔ البتہ قارئین کے لیے ذہنی آسودگی کا پورا خیال رکھا جاتا ہے۔ یہی وجہ ہے کہ جدید اسلوب میں ڈھلے ہونے کے باوجود ان کے افسانے 'کہانی پن' سے مزین ہیں۔

قیصر تمکین کی تخلیقات میں نو افسانوی مجموعے، دو ناولٹ، ایک خود نوشت اور تین تنقیدی کتابیں شامل ہیں۔ حالیہ دنوں میں ان کے نمائندہ افسانوں کا انتخاب "گومتی سے ٹیمز تک" منظر عام پر آیا ہے۔ اس انتخاب میں اٹھارہ افسانے شامل ہیں جس میں مختصر افسانوں کے ساتھ وہ افسانے بھی موجود ہیں جنھیں طویل انداز نگارش کی مثال کہا جاسکتا ہے۔ اسی طرح علامتی اور دیومالائی طرز اسلوب کے اہم افسانوں کو بھی نظر انداز نہیں کیا گیا ہے۔

افسانہ 'سواستکا' کی قرأت ایک علامتی افسانے کے طور پر بھی ممکن ہے، لیکن افسانے میں موجود سریت سواستکا کو کسی مخصوص معنی کی علامت نہیں بننے دیتی۔ یہ افسانہ راوی اور اجنبی شناسا کے مابین ایک کش مکش کو سامنے لاتا ہے۔ اس کش مکش کی بنیاد پرانی اقدار کی شکست اور تہذیب نو کی بلاخیزی ہے۔ یہ صلیب اور سواستکا کے درمیان کا فرق ہے۔ یہی وجہ ہے کہ سواستکا والا شناسا اجنبی املی کے درخت کے پاس صلیب جلنے پر فاتحانہ شان سے ہنستا ہوا باہر آتا ہے۔ افسانے کا آخری اقتباس ملاحظہ کیجیے:

"آرام دہ وی سی ۱۰ کے کیبن میں لیٹے لیٹے میں ملکوں ملکوں، شہروں شہروں ہوتا ہوا جب گھر پہنچا تو آنگن میں املی کا وہ درخت کٹ چکا تھا جس کے سایے میں ہم جوان ہوئے تھے۔ وہاں پر ایک صلیب جل رہی تھی۔ گھر میں کوئی نہ تھا۔ صرف دھواں ہی دھواں پھیلا ہوا تھا۔ ایک خوفناک قہقہے نے میرا خیر مقدم کیا۔ وہاں میرا منحوس شناسا، وہی پراسرار اجنبی تھا۔ جس کے چہرے پر فتح مندی کی چمک تھی۔"

(گومتی سے ٹیمز تک، مرتبہ احسن ایوبی، ایجوکیشنل پبلشنگ ہاؤس، نئی دہلی، سنہ ۲۰۲۱، ص ۱۴۱)

یہاں املی کا درخت اس بات کی طرف اشارہ کرتا ہے کہ راوی اپنے وطن میں صلیب (جو کہ جرمن نازیوں کی خاص علامت ہے) کے خلاف بغاوت اور مخالفت کی آگ جلتی ہوئی دیکھتا ہے۔ یہاں محض سواستکا کا لفظ علامت نہیں ہے، بلکہ صلیب اور سواستکا دونوں دو مختلف تہذیبوں کی علامتیں ہیں۔ کہانی کا مبہم کردار (شناسا اجنبی) ان پرانی اقدار کا واہمہ ہے جو انسان کے ذہن و دماغ سے کبھی محو نہیں ہوتیں اور وقتاً فوقتاً اپنی روایت سے انحراف کا خوف پیدا کرتی رہتی ہیں۔

افسانہ 'باب الابواب' انسانی بے حسی اور سرد مہری کے خلاف ایک بیانیہ ہے۔ افسانے کے مرکزی کردار 'نادر علی' کی طرح بڑا پھاٹک اور اس کے پیچھے بسنے والی مخلوق بھی پر اسرار ہے۔ بظاہر یہ افسانہ قدیم لکھنوی تہذیب و ثقافت کی عکاسی کرتا ہے لیکن کہانی میں موجود سریت اس کی معنوی پرت کو گہرا کر دیتی ہے۔ یہ سریت کبھی انسانی بے حسی کی طرف لے جاتی ہے اور کبھی روایت شکنی کی طرف۔ اس میں عہد حاضر کی ترقیوں کے علائم بھی ہیں (مثلاً ہیلی کاپٹر) اور عہد عتیق کی مضبوط مثالیں (مثلاً مسیح) بھی۔

افسانہ 'مرحبا' Irony Based افسانہ ہے۔ یہ ان لوگوں پر طنز ہے جو احساس برتری میں مبتلا ہو کر دوسروں کا مذاق اڑاتے ہیں۔ لیکن جب وہی صورت حال ان کے سامنے آتی ہے تو منافقانہ رویہ اپناتے ہوئے اپنا دامن بچا کر نکل جاتے ہیں۔ 'دیدے' اور 'محمود ہومن' دو مختلف زاویۂ نظر کے ترجمان ہیں۔ محمود ہومن کے متعلق یہ اقتباس ملاحظہ کیجیے:

"محمود ہومن جب پڑھنے لکھنے میں بیٹھتا ہے تو اس کی طبیعت افسردہ ہو جاتی

ہے۔ جب وہ اچھے لوگوں سے ملتا ہے تو شرمندہ سا ہو جاتا ہے۔ جب کامیاب شخصیات کے قصے سنتا ہے تو کھسیانا ہو جاتا ہے۔ جب مسکراہٹوں اور قہقہوں کی سنہری چمکیلی دھوپ آس پاس بکھرتی ہے تو اس کے وجود پر گہرے منحوس بادل چھا جاتے ہیں اور سب سے زیادہ رنجیدہ تو وہ اس وقت ہوتا ہے جب وہ ننھے شرمگیں پودوں کی طرح لہلہاتی الہڑ اور البیلی لڑکیوں کو دیکھتا ہے۔ "حسن ہم کو درد مند کیوں بنا دیتا ہے؟" یہ سوال وہ اپنے آپ سے کرتا ہے اور کوئی جواب نہیں پاتا ہے۔ اس کا فرانسیسی دوست دیدے کہتا ہے: "محمود ہومن تم میڈیوکر ہو۔" (ایضاً، ص ۴۹، ۴۸)

اس کے بالمقابل دیدے دوسری نوعیت کا فن کار ہے۔ وہ کہتا ہے:

"تم محمود ہومن شاعری اور حقیقت کی کھچڑی پکانے کی کوشش میں میڈیوکر بن جاتے ہو۔ یہ کیوں نہیں سمجھتے ہو کہ سراپا غم ہو کر مسکرانا ہی اصل فن ہے۔"

لیکن بالآخر جب 'فریدہ' سیاہ فام مرد کی طرف بڑھ جاتی ہے اور اس کے دونوں پیر ٹخنوں تک خون کے حوض میں ڈوب جاتے ہیں تو دونوں میں سے کوئی آگے نہیں بڑھتا۔ اس وقت ثقافت کا پرستار دیدے اور قنوطیت کا بیمار محمود ہومن خاموش تماشائی بنے کھڑے رہتے ہیں۔ دیدے، جو بات بات پر محمود کو میڈیوکر بتاتا تھا، بے شرمی سے قہقہہ لگاتا ہے اور یہ تسلیم کر لیتا ہے کہ ہم دونوں ہی میڈیوکر ہیں۔ یہ سماجی خیر خواہوں کے کھوکھلے دعووں کی شکست ہے جو وقت آنے پر باطل طاقتوں کے سامنے گھٹنا ٹیک دیتے ہیں۔ قیصر تمکین نے یہاں تثلیث کا جو زاویہ قائم کیا ہے وہ دو خود پرستوں کو بے نقاب کرتا دکھائی دیتا ہے۔ فریدہ کا کردار ایک آئینے کی صورت میں ظاہر ہوا ہے، جو دیدے اور محمود کو ان کا اصلی چہرہ دکھانے کا کام کرتا ہے۔

'سیر گل خوب نہ دیدیم'، یہ افسانہ ہجرت کے کرب، اجنبیت اور خونی رشتوں سے

دوری کو اپنا موضوع بناتا ہے۔ کہانی کے تینوں مرکزی کردار، منظر، ناظر اور صائمہ کی زندگیاں اسی انتشار کے سبب بے رنگ ہو جاتی ہیں۔ منظور صائمہ بجیا سے دوری برداشت نہیں کر پاتا۔ ایک لمحے کو یہ خیال پیدا ہوتا ہے کہ منظور کا صائمہ بجیا سے ناجائز رشتہ ہے، لیکن یہ رشتہ ایک پاکباز رشتہ تھا۔ یہاں حادثاتی طور پر ان دونوں کی علاحدگی فطرت سے کھلواڑ کے مترادف ہے، جو کہ دونوں کی تباہی کا سبب بنتی ہے۔ قیصر تمکین نے ہجرت کو صرف ملک اور جغرافیائی نقشے کی تقسیم نہ سمجھ کر اسے بہت سے رشتوں کی تقسیم کے طور پر بھی دیکھا ہے۔ یہ رشتے فطرتی ہیں، جن میں تقسیم کے غیر فطری عمل کے سبب علاحدگی پیدا ہو گئی اور دونوں کی تباہی کا سبب بنی۔

افسانہ 'خدا حافظ ابوالحسن' عقلیت پسند میڈیوکر ٹائپ لوگوں کو بے نقاب کرتا ہے۔ افسانے کا آغاز نہایت دلچسپ اور دیومالائی ہے۔ لیکن کہانی میں ابوالحسن کی انٹری کے بعد افسانہ جنید اور ابوالحسن کے افکار و خیالات کو لے کر آگے بڑھتا ہے۔ ابوالحسن ایک عقلیت پسند مفکر ہے۔ اس نے اپنی پوری زندگی عقلیت کی تبلیغ کی تھی۔ یہی وجہ تھی کہ وہ مرنے کے بعد جسم کی تدفین کا بھی قائل نہیں تھا۔ اتفاقاً اجنبی ملک میں ابوالحسن کی موت ہو جاتی ہے۔ اب مسئلہ یہ سامنے آتا ہے کہ ابوالحسن نے اپنی موت سے قبل وصیت کی تھی کہ اسے اس کے آبائی وطن میں دفن کیا جائے۔ 'جنید' جو کہ اس کا پرانا دوست ہے، اس وصیت کو لوگوں کی طرف سے گڑھی ہوئی بات سمجھتا ہے۔ وہ رات میں رقص کے دوران خاموشی سے ابوالحسن اور فوٹوگرافر 'ڈیونیر' کے تابوتوں میں ہیرا پھیری کر دیتا ہے۔ جس کے سبب فوٹوگرافر دفن کر دیا جاتا ہے اور ابوالحسن کی لاش جلائی جاتی ہے۔ جنید کا یہ رویہ عقلیت پسندی کے خلاف ایک تازیانہ ہے۔ ساتھ ہی ابوالحسن کی بیجا عقلیت پسندی کا نتیجہ بھی۔ لیکن سوال یہ پیدا ہوتا ہے کہ اگر ابوالحسن نے اپنی موت

سے قبل واقعی اس طرح کی کوئی وصیت کی تھی تو اس کے کیا اسباب تھے؟ یہاں افسانہ نگار خاموش ہے۔ شاید اس لیے کہ عقلیت پسندوں کے منحرف رویوں پر اسے بھی حیرانی ہے۔

افسانہ 'یروشلم یروشلم' اس امر کا اثبات ہے کہ قدیم عمارتیں اور پرانی یادیں ہماری زندگی کا اٹوٹ حصہ ہیں۔ ان کے ضائع کرنے سے انسانی تاریخ کا ایک بڑا حصہ حذف ہو جاتا ہے۔ افسانہ اس بات پر بھی زور دیتا ہے کہ کوئی بھی شے اپنے وجود کے اعتبار سے نئی یا پرانی نہیں ہوتی، بلکہ لوگوں کی ترجیحات بدلنے سے ان پر قدامت کا گمان گزرنے لگتا ہے۔ لیکن معیار بدل جانے سے حقیقت نہیں بدلتی۔ اس افسانے کا موضوع قیصر تمکین کی ہندوستان دوستی اور ان کا عہد طفلی ہے۔ افسانہ نگار اپنے ماضی کا قدردان بھی ہے اور اس کے تحفظ کے لیے فکر مند بھی۔

افسانہ 'عہد گل ختم ہوا' طالب علموں کی ہوسٹل لائف کے علاوہ سماج میں بڑھتی عدم رواداری کو اپنا موضوع بناتا ہے۔ افسانے کے دو مرکزی کردار 'رام سنگھ' اور 'معجز' دو مختلف مذاہب سے تعلق رکھنے کے باوجود ہم پیالہ وہ مشرب والی زندگی گزار رہے ہیں۔ رام سنگھ کیمپس چھوڑنا نہیں چاہتا اور معجز کو سند کی کوئی ضرورت نہیں۔ دونوں اپنے اپنے مقصد میں کامیاب ہیں۔ لیکن ان دونوں کی شراب نوشی اور نتائج سے بے خبری پرانی قدروں کی شکست کی علامت کے طور پر ظاہر ہوئی ہے۔ یہ افسانہ قومی منافرت کے دوستی پر اثرانداز ہونے کی مثال ہے۔ یہی وجہ ہے کہ مسلم قوم سے دشمنی کی خبریں سن کر رام سنگھ شرمندہ ہو کر خودکشی کر لیتا ہے۔ اس وقت 'معجز' کو بھی مسلمانوں کی اپنی کوتاہیوں کا احساس ہوتا ہے۔ قیصر تمکین انتہا پسندی کے خلاف ہیں اور یہاں انتہا پسندی کے نتیجے میں خراب ہوتے دوستانہ تعلقات کے ذریعے یہ دکھانے کی کوشش کی ہے کہ حساس

ذہن اور دردمند دل کبھی بھی انتہا پسندی کو قبول نہیں کر سکتے۔ رام سنگھ کی خودکشی قوم کے انتہا پسند رویے پر حد سے زیادہ شرمندگی اور صدمے کی مثال ہے۔

افسانہ 'باز پرس' اپنی مٹی سے وابستگی اور ایثار کو سامنے لاتا ہے۔ یہ ان لوگوں پر گہرا طنز ہے جو ہجرت یا فرار کو راہ نجات سمجھتے ہیں۔ یہاں افسانہ نگار اپنی زمین سے وابستہ رہتے ہوئے شہید کر دیے جانے کو ہجرت پر ترجیح دیتا ہے۔ اس کے اندر ایک احساس فتح مندی ہے۔ اور اسی احساس کے ساتھ عالم ارواح سے وہ خط کے ذریعے ان لوگوں سے باز پرس کرتا ہے جو ہجرت کر گئے تھے یا ہجرت کے لیے بیتاب تھے اور مارے گئے۔ اس سلسلے میں وہ ادیبوں اور شاعروں پر بھی اظہار خیال کرتا ہے۔ ایک خط ملاحظہ کیجیے:

"رضوی صاحب!

"اصل میں ادیب و فن کار اگر محض سماجی رتبوں کا پروردہ نہیں ہے تو ایک ایسا مسلک اپناتا ہے جس میں 'مجنوں باشی' کی قدیم شرط اول ہی شرط آخر بھی ہوتی ہے۔ اسی بنا پر میرا خیال ہے کہ کوئی بھی شاعر اور ادیب جو اپنے ملک، اپنے زمین و آسمان اور اپنے شہریوں اور ہمسایوں سے بھاگ کر دوسرے ملکوں میں پناہ گزیں ہوتا ہے تو وہ سب کچھ تو ہو سکتا ہے مگر ایک مخلص ادیب و دانشور نہیں قرار دیا جا سکتا ہے۔ ڈاکو ہو سکتا ہے، سوویت یونین کا سولزے تتسن ہو سکتا ہے، البانیہ کا اسماعیل قادری ہو سکتا ہے، اردو کا۔۔۔ خیر چھوڑیے بھی۔ کہنا یہ تھا کہ بھاگنے والا سقراط، مسیح اور منصور نہیں ہو سکتا ہے کیونکہ اس راہ فرار کے معنی ہی فقدان اخلاص کے ہیں۔" (ایضاً، ص ص ۱۴۱)

یہاں افسانہ نگار نے ایسے ادیبوں اور شاعروں کو نشانہ بنایا ہے جو ملک سے ہجرت کر جانے کو ہی مسئلے کا حل سمجھتے ہیں۔ حالاں کہ قیصر تمکین خود بھی ایک مہاجر تھے، لیکن اس کے باوجود ان کا یہ خیال اہمیت ضرور رکھتا ہے۔ ان کے مطابق ادیب کا اصل کام

ہجرت کرنا نہیں بلکہ مسائل سے نبرد آزما ہونا اور ان پر بے باکی سے اظہار خیال کرنا ہے۔ مکتوباتی انداز میں لکھا گیا یہ افسانہ یک طرفہ ہونے کے باوجود کافی دلچسپ اور Attacking نوعیت کا ہے۔

افسانہ 'سر مقتل' ضبط تولید کو زیر بحث لا کر آنے والی نسلوں کے تئیں ایک تشویش کو اجاگر کرتا ہے۔ راوی کا یہ خوف کہ اب ایسی نئی نسل پیدا ہی نہیں ہو سکتی جس کے لیے کوئی پیغام چھوڑا جائے، نسل نو کی اقدار دشمنی، اور رنگینیوں کی طرف ان کے میلان کو ظاہر کرتا ہے۔ اس کے کچھ جملے ملاحظہ فرمائیں:

"وہ دن گئے جب دن دن بھر کتب خانوں میں صرف یہ معلوم کرنے کے لیے بیٹھے رہتے تھے کہ اگلے وقتوں کے جانباز کس دھج سے سر مقتل گئے۔"

حقیقت یہ ہے کہ وہ نئی پیڑھی جس کا 'میں' منتظر ہوں اور 'وہ' متوالا تھا، اب ہماری تہذیب کے بطن سے پیدا ہی نہیں ہو سکتی۔" (ایضاً، ص ۱۷۱)

بغیر کوئی آخری پیغام دیے پھانسی کے پھندے پر جھول جانے والا یہ شخص اصول پسند اور اپنی روایت کا امین ہے، جس کے بعد اس کا کوئی وارث نہیں۔ وراثت کے تحفظ کا فقدان جو کہ ہمارے عہد کا بڑا المیہ ہے اس افسانے کا مرکزی خیال بن کر ابھرا ہے۔

'نوجیون' ایک ایسا افسانہ ہے جو فسادات کے انسانی ذہن و دماغ پر پڑنے والے مہلک اثرات کی نشان دہی کرتا ہے۔ افسانے کا مرکزی کردار 'عنایت' ہے۔ جو شر پسندوں کے ہاتھوں قتل کیے جانے کی کئی واردات دیکھ چکا تھا۔ وہ بالآخر اپنے آپ کو ایک مردہ تسلیم کر لیتا ہے۔ اسی غیر انسانی رویے کے سبب وہ مذہب سے بھی بیزار ہو جاتا ہے۔ اس افسانے میں بھی قیصر تمکین نے یہ دکھانے کی کوشش کی ہے کہ انتہا پسندی کس طرح امن پسند ذہنیت پر اثر انداز ہوتی ہے۔ اور فسادات سے اس شخص پر کیسے منفی اثرات

مرتب ہوتے ہیں۔ یہاں جو حالت 'عنایت' کی ہے، بیشتر امن پسند اشخاص اسی صورت حال میں گرفتار نظر آتے ہیں، اور یہی ہمارے سماج کی Irony ہے۔

'ثزینیت' اس انتخاب میں شامل سب سے طویل کہانی ہے۔ اسے طویل انداز نگارش کی ایک مثال بھی قرار دیا جا سکتا ہے۔ 'ثزینیت' متعصب اور قدامت پرست مسلم گھرانوں سے اٹھنے والی بغاوت اور احتجاج کی ان آوازوں کی کہانی ہے جو اپنے گھروں کے فرسودہ نظام کے خلاف بلند ہوتی ہیں۔ کہانی کے مرکزی کردار 'ثزینت' اور 'عدو' بھائی کی زندگیوں کے اتار چڑھاؤ دوسروں کے لیے ایک تحریک اور ترغیب کی حیثیت رکھتے ہیں۔ ایک معمولی غریب لڑکی ہونے کے باوجود ثزینیت جس طرح بیرون ملک جاکر کامیاب آرٹسٹ بنتی ہے اور خوب پیسے کماتی ہے، یہ اس کی بے باکی کی مثال ہے۔ ثزینیت کا کردار شروع ہی سے اپنی بہادری کا جلوہ دکھاتا نظر آتا ہے، جس کی پہلی نمائش احمد کے اسکول میں کچھ غنڈوں کی پٹائی کے وقت سامنے آتی ہے۔ ثزینیت نے یہ ثابت کر دیا کہ دنیا میں اصل تقسیم صرف امیری اور غریبی کے مابین ہے۔ اس تقسیم سے نہ کوئی رشتے دار محفوظ ہے اور نہ ہی مساوات کا درس دینے والا کوئی فرد۔ ثزینیت کا کردار لڑکیوں کی زندگی کے کئی پہلوؤں کو روشن کرتا ہے۔ اسی طرح 'عدو' بھائی کا کردار متمول مسلم گھرانوں کے ان لڑکوں کی مثال ہے جو کچھ دنوں تک روایتی نہج پر چلنے کے بعد اپنے شعور کو کام میں لاتے ہیں اور اس نہج سے انحراف کی جسارت کر بیٹھتے ہیں۔ اس قسم کے کردار ماحولیاتی تبدیلی کو قبول کرنے کے لیے اپنے ذہن و دماغ کو تیار رکھتے ہیں۔ یہی وجہ ہے کہ ثزینیت بھی جب عدو سے ایک مدت کے بعد ملتی ہے تو اس کی فکر سے متاثر ہو کر اس سے قریب ہو جاتی ہے۔ عدو کی ماں اور دوسرے لوگوں کی ہزار کوششوں کے باوجود افسانے کے اخیر میں عدو اور ثزینیت کی ایک دوسرے سے جذباتی ہم آہنگی محض اتفاق نہیں، بلکہ ناساز گار

ماحول میں دو مثبت روحوں کے ملاپ کی علامت ہے۔

زبان و اسلوب کی سطح پر یہ اعتراف ضروری ہے کہ قیصر تمکین کے افسانوں کی زبان بہت سلیس اور رواں ہے۔ وہ صحافی بھی ہیں اور انگلستان میں رہنے کی وجہ سے وہاں کی زبان اور کلچر سے بخوبی واقف بھی۔ لیکن ان کی زبان نہ تو انگریزی زدہ ہے اور نہ ہی ان کا بیانیہ صحافت کی شکل اختیار کرتا ہے۔ انھوں نے اسلوب کی سطح پر کئی تجربے کیے ہیں لیکن کسی بھی عنصر کو اپنے آپ پر حاوی نہیں ہونے دیا ہے۔ وہ ایک کہانی کار ہیں اور کہانی کار کی حیثیت سے علامت، دیومالا، ابہام اور داستان سے بھی استفادہ کرتے نظر آتے ہیں۔

**

صدیقہ بیگم سیوہاروی کی افسانہ نگاری

ڈاکٹر شاداب تبسم

بیسویں صدی کی تیسری دہائی میں جب ترقی پسند تحریک اپنے نقطۂ عروج پر تھی تو اس تحریک نے دنیا کی تمام زبانوں کے ادب کو متاثر کیا۔ علی گڑھ تحریک کے بعد ترقی پسند تحریک دوسری شعوری تحریک تھی جس کے زیر اثر ہمارے ادب کو بعض اہم تبدیلیوں سے دوچار ہونا پڑا۔ اس تحریک نے اردو ادب میں نشاۃ الثانیہ لانے کا کام کیا جن لوگوں نے اردو ادب کے مختلف شعبوں کا توجہ سے مطالعہ کیا ہے ان سے یہ حقیقت پوشیدہ نہیں کہ اردو زبان میں ایک بڑا ذخیرہ اس تحریک کی پیداوار ہے۔ اس تحریک نے یوں تو تمام ادبی اصناف کو متاثر کیا لیکن شاعری، افسانہ اور تنقید پر خاص اثر پڑا۔ ترقی پسند افسانے کو عروج پر پہنچانے میں جن افسانہ نگاروں نے سعی کی ان میں سعادت حسن منٹو، کرشن چندر، راجندر سنگھ بیدی، خواجہ احمد عبّاس، عصمت چغتائی، احمد ندیم قاسمی، غلام عباس، بلونت سنگھ، اختر انصاری، ممتاز مفتی، شکیلہ اختر، ہاجرہ مسرور، خدیجہ مستور، رضیہ سجاد ظہیر، ہنس راج رہبر کے ساتھ صدیقہ بیگم سیوہاروی کا نام بھی اہمیت کا حامل ہے۔

صدیقہ بیگم سیوہاروی کا آبائی وطن سیوہارہ ضلع، بجنور ہے۔ ان کی پیدائش ۱۹۲۵ کو لکھنؤ میں ہوئی۔ عمر کے ابتدائی دس سال لکھنؤ میں گذرے اور تعلیم بھی وہیں حاصل کی۔ بعد میں اپنے والدین کے پاس سیوہارہ چلی آئیں۔ ان کے والد بابو شفیع احمد بہت

خوش حال زمیندار تھے۔ صدیقہ بیگم طفل شیر خواری ہی میں تھیں کہ ان کی والدہ کی رحلت ہو گئی لیکن سوتیلی ماں نے بہت پیار و محبت سے ان کی پرورش کی۔ گھر کا ماحول خالص مشرقی تھا ان کی تعلیم سخت ترین پردے میں ہوئی۔ اسی ماحول میں رہ کر انھوں نے قرآن شریف، اردو، عربی اور فارسی کی چند کتابیں پڑھیں۔ مثلاً راشد الخیری کی تصانیف، ڈپٹی نذیر احمد کے ناول اور کچھ اخلاقی کتابیں۔ اپنی اسی ابتدائی تعلیم کے تعلق سے کہتی ہیں:۔

"بس یہ گھر تھا میرا مدرسہ اور یہ کتابیں میرا بستہ تھیں۔ جنھیں میں بار بار پڑھتی تھی۔ جیسے کلام پاک کی تلاوت ہوتی ہے۔ فرق یہ تھا کہ یہ سمجھ میں آتی تھیں۔ اور ان کو پڑھ کر لطف بھی آتا تھا۔ اس زمانے میں اردو کی بیشتر کتابیں پڑھنے کا موقع ملتا تھا۔"

(ضلع بجنور کے جواہر۔ فرقان احمد صدیقی، جیّد پریس ، بلی ماران دہلی ،۔۱۹۹۱، ص ۸۷)

صدیقہ بیگم سیوہاروی کے بھائی اخلاق احمد وارثی پرانی قدروں کے سخت مخالف تھے۔ بھائی کو گوندیا مدھیہ پردیش میں ملازمت مل گئی تو وہ ان کے ساتھ مدھیہ پردیش چلی گئیں۔ وہیں ان کے تخلیقی دور کا آغاز ہوا۔ ان کے افسانے وقتاً فوقتاً مختلف رسائل مثلاً عالم گیر، ساقی، ادیب، شاہکار، کلیم، ادبی دنیا، ادب لطیف میں شائع ہوتے رہے۔ سی پی قیام کے دوران ہی انھوں نے ایک رسالہ "نورس" نکالا۔ اس کے دو شمارے چھپے بعد میں ۱۹۴۷ کے ہنگاموں کی نذر ہو گیا۔ اس سے پہلے رسالہ ""آواز نسواں"" نیا راگ" کے نام سے ترتیب دے چکی تھیں۔ اس کے تعلق سے لکھتی ہیں:

"اس تجربے کو سید سجاد ظہیر، ممتاز حسین، اور دوسرے ادیبوں نے بہت سراہا۔"

(ضلع بجنور کے جواہر۔ فرقان احمد صدیقی، ص ۸۷)

ستمبر ۱۹۴۷ میں ان کی شادی اطہر پرویز سے ہوئی اور ان کے ساتھ الہ آباد چلی گئیں۔ الہ آباد میں اردو رسالہ "فسانہ" کے ادارہ تحریر میں شامل ہو گئیں۔ ۱۹۵۰ میں جامعہ ملیہ اسلامیہ دہلی گئیں وہاں رہ کر بہترین افسانے لکھے جو ریڈیو سے نشر ہوئے اور ادب لطیف، نقوش اور شاہرہ میں شائع ہوئے۔ ۱۹۵۶ میں شوہر کے ساتھ علی گڑھ چلی گئیں۔ وہاں ان کی ملاقات ڈاکٹر رشید جہاں سے ہوئی۔ ان کی رہنمائی میں ان کے فن میں مزید پختگی آئی۔ ان کے شوہر علی گڈھ میں شعبۂ اردو میں ریڈر تھے۔ ۱۰ مارچ ۱۹۸۴ کو حرکتِ قلب بند ہونے سے ان کے شوہر کا انتقال ہو گیا۔ شوہر کے انتقال نے ان کے ذہن اور جسم دونوں کو مفلوج کر دیا۔ آخری دنوں میں یادداشت بھی باقی نہ رہی۔ ۲۹ ستمبر ۲۰۱۲ کو علی گڈھ میں صدیقہ بیگم کی رحلت ہو گئی۔

صدیقہ بیگم سیوہاروی کا ادبی سرمایہ کل پانچ افسانوی مجموعوں مثلاً ہچکیاں، دودھ اور خون، پلکوں میں آنسو، ٹھیکرے کی مانگ، اور 'رقصِ بسمل' کے علاوہ رسائل میں شائع مختلف تحریروں اور دیگر مضامین پر مشتمل ہے۔

ترقی پسند افسانہ نگاروں کی فہرست میں صدیقہ بیگم سیوہاروی کا نام بھی اہمیت کا حامل ہے۔ رشید جہاں کی شخصیت پر "رشید جہاں" کے عنوان سے مضمون لکھا جو نقوش کے "شخصیات نمبر" میں شائع ہوا۔ علی گڈھ کے دورانِ قیام ان کی ملاقات ڈاکٹر رشید جہاں سے ہوئی۔ اس ملاقات نے ان کی زندگی کی ڈگر ہی بدل دی۔ مضمون 'رشید جہاں' میں انھوں نے رشیدہ جہاں سے پہلی ملاقات کا نقشہ بہت ہی دلفریب انداز میں کھینچا ہے۔ اس سے رشید جہاں کی سیرت اور شخصیت کھل کر سامنے آجاتی ہے۔ لکھتی ہیں:

"میں علی گڈھ امیر نشاں میں رہتی تھی اور مجھے آئے ہوئے مشکل سے پندرہ دن ہی ہوئے ہوں گے کہ دیکھتی کیا ہوں کہ بونے سے قد کی ایک خاتون چلی آرہی ہیں۔ جان نہ

پہچان بی خالہ سلام۔۔۔۔ مردوں کی یہ بات مجھے پسند ہے کہ گھر میں مردانے میں بھی داخل ہوں گے تو دستک ضرور دیں گے۔ لیکن یہ خاتون چلی آئیں بس برسات کی سڑی گرمی پڑ رہی تھی۔۔۔۔۔ کہتی تو کیا کہتی بیگما ہیں کہ میرے سلام کا جواب دئے بغیر کمرے میں گھسی چلی آرہی ہیں۔۔۔ میں سوچتی رہی کہ یہ اللہ ماری کون آگئی۔

لیکن چند سیکنڈ کے اندر جیسے زمین پاؤں کے نیچے سے نکل گئی۔ مجھے اپنے تن بدن کا ہوش نہ رہا۔

"تم صدیقہ ہو مجھے رشید جہاں کہتے ہیں۔"

ڈاکٹر رشید جہاں !!! میرے منہ سے بلا سوچے سمجھے نکل گیا"۔ "کیوں کیا رشید جہاں کافی نہیں"۔۔ انھوں نے بڑے پیار سے کہا جیسے کسی بچے کے بالوں پر ہاتھ پھیرتے ہوئے کہ یہ رہی ہوں"۔

(رسالہ نقوش۔ شخصیات نمبر، ص۹۰۸)

صدیقہ بیگم سیوہاروی کا ایک مضمون 'میں اور میرے افسانے' کے عنوان سے رسالہ "فسانہ" اپریل ۱۹۴۸ کے شمارے میں شائع ہوا۔ اس میں انھوں نے ان واقعات کا ذکر کیا ہے جو ان کے افسانوں کے محرک بنے۔ پہلی مرتبہ انھوں نے کہانی لکھی تو ان کے گھر میں طوفان برپا ہو گیا۔ جو ماحول پیدا ہوا اسی کے تعلق سے لکھتی ہیں:

"کل جب اس نے پہلے پہل قلم اٹھایا تھا اور اس کا نام رسالوں میں مردوں کے دوش بدوش چھپا تھا تو خاندانی عزت پر بٹہ لگ گیا تھا۔ اسلامی ننگ وناموس روایتوں کی ڈگر سے اتر کر ایک ایسی شاہ راہ پہنچ گیا تھا جہاں صور اسرافیل ہی اس کی منزل تھا۔ لیکن آج وہ ان حدود سے آگے بڑھ چکی ہے۔ ماضی کی فرسودہ روایتوں کو روندتے ہوئے آگے نکل گئی ہے۔"("فسانہ"۔ الہ آباد، اپریل ۱۹۴۸)

دوسری جگہ لکھتی ہیں:

"چند سال پہلے کی بات ہے کہ ہندوستان کی تاریخ میں ایک ایسا وقت آیا کہ دروازے پر موت نے دستک دی۔ بنگال بھوکا مرنے لگا۔ چالیس کروڑ انسانوں میں ہلچل مچ گئی۔ وہ رشتہ جس نے ہمیں ایک دوسرے سے منسلک کیا تھا ٹوٹنے لگا برسوں کی پالی ہوئی تہذیب کا جنازہ نکل رہا تھا۔ باپ اپنی بیٹی کو ،مائیں اپنی اولاد کو، بھائی اپنی بہنوں کو ایک ایک دانے چاول پر بیچنے لگے۔" (فسانہ۔ الہ آباد، ۱۹۴۸)

مضمون "میں اور میرے افسانے" میں ان تمام واقعات کا ذکر کیا ہے جو اس وقت رونما ہوئے۔ آخر میں لکھتی ہیں:

"یہی ہے وہ پس منظر جس پر ہمیں اپنے ادب کی بنیادوں کو دیکھنا ہے۔"

(فسانہ۔ الہ آبا،۱۹۴۸)

ان کی ایک تحریر "آخری خط کے عنوان" سے ۱۸۴ میں منظر عام پر آئی۔ اس تحریر میں انھوں نے اپنے عہد یعنی سیاست مسلم لیگ، کمیونسٹ پارٹی، ہندوستان کی آزادی کی جدوجہد، قحطِ بنگال، فسادات کی تصویر اس طرح پیش کی ہے کوئی گوشہ خالی نہیں رہا۔ لکھتی ہیں:

"ہندوستان آزاد ہو گیا" مجھے سردار جعفری کا وہ شعر یاد آیا

سنہرا دوپٹہ اڑھائیں گے ہم\
ستاروں سے آنچل بنائیں گے ہم

اس سنہرے دوپٹے کی دھجاں اڑنے لگیں۔ ستارے بکھرنے لگے۔ ہندوستان کا بٹوارہ ہو گیا۔ چلو ٹھیک ہے۔

لیکن یہ مار کاٹ یہ خون خرابہ کیسا بھائی بھائی کا خون بہا رہا تھا ہندوستان اور پاکستان کی

سرزمین پر ایک ہی رنگ کا خون تھا سرخ خون۔" (آخری خط، نقوش، ۲/اکتوبر، ۱۹۵۶)

اس "آخری خط" میں جو شوہر کے نام ہے۔ آخر میں شوہر کے انتقال کا ذکر کیا ہے۔ لکھتی ہیں:

"تم چارپائی پر لیٹے ہوئے تھے تمہارے ہاتھ میں قلم بھی نہیں تھا۔ تمہاری آنکھیں بند تھیں اور چاندنی نے تم کو نور کی چادر اڑھادی تھی۔ سفید سفید چادر۔ یہ تاریخ تھی ۱۰ مارچ ۱۹۸۴ اور یہ کہانی یہیں ختم ہوگئی۔" (آخری خط)

صدیقہ بیگم سیوہاروی کے افسانوں کا پہلا مجموعہ حیدرآباد سے ۱۹۴۴ میں 'ہچکیاں' کے عنوان سے منظر عام پر آیا۔ دوسری مرتبہ ۱۹۵۰ میں پربھات پبلیشر، پریاگ راج (الہ آباد) سے شائع ہوا۔ یہ مجموعہ کل دس افسانوں پر مشتمل ہے۔ پیش لفظ سید اعجاز حسین نے تحریر کیا ہے۔ مجموعے میں شامل افسانے 'تصویر'، 'آندھی' اور 'چاول کے دانے' کا موضوع قحطِ بنگال ہے۔ "چاول کے دانے" میں ضعیف آدمی کو بھوک کی شدت نے اتنا مجبور کر دیا کہ وہ اپنی پوتی کی جان بچانے کے لیے اسے امیر سیٹھ کو صرف ڈیڑھ پاؤ چاول کے عوض میں بیچ آتا ہے۔ لیکن جب اس کا ضمیر اس پر ملامت کرتا ہے تو اس کے جذبات اور ذہنی کیفیت کو افسانہ نگار نے بہت ہی موثر انداز میں پیش کیا ہے۔ اپنے بیٹے نذیر کو بوڑھا شخص یاد کر کے کہتا ہے:

"ہائے اللہ کافی رات ہوگئی۔۔۔۔ شفو۔۔۔ میری شفو کا تو ٹھکانا ہو ہی گیا۔۔۔ نذیر سنے گا تو کیا کہے گا میں نے اس کی لڑکی کو بیچ دیا ڈیڑھ پاؤ چاول پر۔۔۔۔ ڈیڑھ پاؤ چاول۔۔ معلوم نہیں وہ اس کے ساتھ کیسا برتاؤ کرے۔"

(ہچکیاں، چاول کے دانے، کریمی پریس، الہ باد، ۱۹۵۰)

قحط بنگال کے موضوع پر لکھی کہانی "آندھی" بہترین کہانی ہے۔ کہانی فلیش بیک

میں چلی جاتی ہے۔ افسانے کی ہیروئن تارا کو اس کی ماں اناج کے عوض میں کوٹھے پر فروخت کر دیتی ہے۔ ہیروئن اپنا ماضی یاد کرتی ہے۔ بھوک سے تڑپ کر مرتے ہوئے تارا کے بھائی کی موت کا نقشہ بہت ہی دردناک انداز میں کھینچا ہے۔

"بھیا کبھی کبھی آہستہ سے بولتا "بھوک"۔ اب تو اس کی زبان بھی نہ دکھائی دیتی تھی تالو کو چپک گئی تھی۔ ہاں اس کے منھ سے ہرے ہرے جھاگ نکل رہے تھے تھوڑی دیر پہلے اس نے درخت کے پتے کھائے تھے۔"

(ہچکیاں، افسانہ، آندھی، ص ۸۴)

افسانوی مجموعہ 'ہچکیاں' کے تعلق سے اعجاز حسین رقمطراز ہیں:

"ایک خاص بات جو فنی لحاظ سے سب سے پہلے ہم کو محسوس ہوتی ہے وہ یہ ہے کہ افسانے کو رنگین بیانی یا پر جوش اور بھاری بھر کم الفاظ کا سہارا دے کر دلکش بنانے کی کوشش نہیں کی گئی بلکہ واقعات اور اہمیت اور تفصیل کو ایسے موقع اور ایسے سیدھے سادے الفاظ میں قلم بند کر دیا گیا ہے کہ افسانوی عنصر خود بخود پڑھنے والے کو مسحور کر لیتے ہیں اور ساتھ ہی ساتھ یہ انداز بیان کہ جیسے کچھ نہیں کہا جا رہا ہے اور سب کچھ خود بخود ماحول سے یکجا ہو کر ذہن پر چھائے جا رہے ہیں"۔

(ہچکیاں، ص ۱۴)

مجموعہ "پلکوں میں آنسو" پہلی مرتبہ ۱۹۴۸ میں (پریاگ راج) الہ آباد پبلشنگ ہائوس سے شائع ہوا۔ اس کا پیش لفظ سہیل عظیم آبادی نے تحریر کیا ہے۔ ان افسانوں میں "ہچکیاں" میں شامل افسانوں کے مقابلے صدیقہ بیگم سیوہاروی کا احساس تیز اور نقطۂ نظر وسیع ہوتا ہوا محسوس ہوتا ہے۔ ان کا فن برابر ترقی کرتا ہوا نظر آتا ہے۔ بنگال کے قحط سے ان کے احساس کو سخت جھٹکا لگا۔ ان کے افسانوں کے مطالعے سے یہ بات واضح ہوتی

ہے کہ بنگال کا قحط ان کے رجحانات، تصورات اور فن کا موڑ ہے۔ قحط بنگال کے بعد جو افسانے انھوں نے لکھے اس کے تعلق سے پروفیسر احتشام حسین لکھتے ہیں:

"بنگال کی بھوک نے ان کے افسانوں میں زندگی کی تڑپ پیدا کر دی۔ ان کے خلوص کا بہاو تیز کر دیا۔ ان کے بیان کا زور بڑھا دیا۔ زندگی سے ہم آغوش کر دیا۔"

(پیش لفظ۔ پلکوں میں آنسو، ص۹)

مجموعہ "دودھ اور خون" پہلی مرتبہ ۱۹۵۳، دوسری مرتبہ ۱۹۵۷ میں سرفراز قومی پریس لکھنؤ سے شائع ہوا۔ اس مجموعے میں شامل افسانوں کی کل تعداد ۱۳ ہے۔ افسانہ "راکھ اور چنگاری" ایک طرف قلیل تنخواہ پانے والے انسان کی داستان ہے اور دوسری طرف نئی اور پرانی نسل کے تصادم کی تصویر پیش کرتا ہے۔ اردو ادب میں ہم جنس پرستی جیسے موضوع پر لکھے گئے افسانوں کی کمی نہیں ہے۔ اس ضمن میں صدیقہ بیگم سوہاروی کا افسانہ "تارے لرز رہے ہیں" قابل ذکر ہے۔

مجموعہ "رقصِ بسمل" اردو گھر علی گڈھ سے شائع ہوا۔ اس میں کل ۸ افسانے شامل ہیں۔ مجموعے میں شامل افسانہ "گلدان کے پھول" کا موضوع تعدادِ ازواج اور ان کا استحصال ہے۔ زبان و بیان کے تشبیہاتی انداز کے اعتبار سے یہ افسانہ ایک شاہکار کا درجہ رکھتا ہے۔ اس افسانے میں گلدان کا پھول علامتی اشارہ ہے۔ یعنی گلدان کا پھول عورت کی زندگی ہے جو مرجھا گیا تو گلدان میں دوسرا پھول لگا دیا گیا۔ گلدان وہی رہتا ہے پھول بدلتے رہتے ہیں۔ اولاد پیدا نہ ہونے کا ذمہ دار صرف عورت کو ٹھہرایا جاتا ہے۔ عورت صرف مرد کی دلبستگی کا ذریعہ ہے۔ جنسیات کو طنز اور تیکھے انداز میں پیش کرنے کے ہنر سے وہ بخوبی واقف ہیں۔ اس ضمن میں مجموعہ "رقصِ بسمل" میں شامل افسانہ "بیمار" کا نام لیا جا سکتا ہے۔

صدیقہ بیگم ترقی پسند تحریک کے زیر اثر لکھنے والی افسانہ نگار ہیں۔ ان کے افسانوں کے مطالعے سے یہ نتائج اخذ ہوتے ہیں کہ بلاشبہ مشرقی عورت کے پیکر تراشنے میں انھیں مہارت حاصل ہے۔ عورتوں کے مسائل کے ہر گوشے سے پوری طرح واقفیت رکھتی ہیں۔ جہیز، آپسی تصادم، نفسیاتی الجھنیں، غریبی، جہالت، جنگِ آزادی، تقسیم ہند، قحطِ بنگال گویا انھوں نے ہر طرح کے موضوعات چاہے وہ سیاسی ہوں یا سماجی سب پر کامیاب افسانے لکھے۔ ان کے مطالعے سے زندگی کی رنگ برنگی تصویر نظر آتی ہے۔

ان کے افسانوں کے کردار سماج کے حقیقی لوگ ہیں۔ واقعات کی تفصیل اور اختصار دونوں طرح سے افسانوں کو آگے بڑھاتی ہیں۔ ان کا مطالعہ تاریخی، سیاسی اور مذہبی اعتبار سے بھی بہت وسیع ہے۔ وہ بچوں کی نفسیات سے بخوبی واقف ہیں۔ "رقصِ بسمل" میں شامل افسانہ "شیر اور ہرن" اس کی عمدہ مثال ہے۔ بچوں کے ذہن میں کیسے کیسے تصورات نمودار ہوسکتے ہیں اس بات کا انھیں پورا اندازہ ہے۔ لکھتی ہیں:

"شیر دہاڑا۔ غررّ۔ غررّ۔ بچے چونک پڑے پھر پانچوں بچے سوگئے۔ رات بھر شیر کو مارنے کے لیے خواب میں تیر و کمان بناتے رہے۔"

(رقص بسمل۔ شیر اور ہرن)

کسی بھی ادیب کی تخلیق میں اس کا اسلوب سب سے زیادہ اہمیت رکھتا ہے۔ صدیقہ بیگم کے افسانوں کی زبان شگفتگی اور سادگی سے پر ہے۔ انھیں الفاظ کے انتخاب میں زیادہ سوچنے کی ضرورت نہیں ہوتی بلکہ خود بخود موقع محل کے لحاظ سے الفاظ آراستہ ہوجاتے ہیں۔ افسانہ "پرانا کوٹ" موضوع، زبان و بیان اور کردار نگاری سبھی اعتبار سے بہت کامیاب ہے۔ کہیں کہیں مشکل الفاظ اور فارسیت غالب آجاتی ہے۔ مثلاً "پلکوں میں آنسو" میں لکھتی ہیں:

" قائدِ اعظم محمد علی جناح اور مہاتما گاندھی ادھر باہم سمجھوتا کرنے کے سلسلے میں ایک دوسرے سے گفت و شنید کر رہے ہیں اور ادھر برطانیہ کے وزیر اعظم مسٹر چرچل سے امریکہ کے صدر مسٹر روزولٹ کیوبک میں ہندوستان کی آزادی کے سلسلے میں مل رہے ہیں اور تیسری طرف جرمنی میں فاشزم کا خاتمہ ہو رہا ہے۔" (پلکوں میں آنسو)

تاریخی شواہد گنوانے میں کبھی پیچھے نہیں رہتی قاری کو وہی احساس کراتی ہیں جو کرانا چاہتی ہیں۔ افسانہ " رقص بسمل " میں بھی تاریخی شواہد سے افسانے میں جان ڈال دی ہے:

" بھگت سنگھ مسکرا رہا تھا اس کے گلے کی رسّی کھل گئی تھی۔ جلیاں والا باغ میں قمقمے جل رہے تھے۔ چاندنی چوک کی خونیں لاشیں اپنا خراج وصول کر رہی تھی۔" (رقص بسمل)

افسانوں کا مجموعہ " ٹھیکرے کی مانگ " میں شامل افسانے بھی زندگی کی تلخ حقیقت کو پیش کرتے ہیں۔

افسانہ " یہ کہانی " خاکہ نگاری کا عمدہ نمونہ ہے۔ افسانے میں اپنی بھابھی کا خاکہ بڑی خوبصورتی سے پیش کیا ہے اور طنزیہ تحریر سے اپنے بھائی کو بھی نہیں بخشا۔ طنز و مزاج کے تعلق سے " ٹھیکرے کی مانگ " میں شامل ان کے افسانے "وکیل ہو تو ایسا" دوست ہو تو ایسا قابل ذکر ہیں۔ اسی مجموعے میں دو افسانے "ہڈی کا داغ" اور " ٹھیکرے کی مانگ ایک ہی طرز کے افسانے ہیں دونوں کا موضوع پرانی اور فرسودہ روایات سے بغاوت ہے۔ دونوں ترقی پسند افسانے کے زمرے میں آتے ہیں۔ افسانہ "ثروت" ایسے واقعات پر مبنی ہے جن کا ہمارے معاشرے میں واقع ہونا تعجب کی بات نہیں۔ یہ ایک نئی نویلی دلہن کی کہانی ہے جس کی زندگی دیکھتے ہی دیکھتے محرومی اور غموں کے سمندر میں غرق ہو جاتی

ہے۔ موضوع کے لحاظ سے صدیقہ بیگم کے افسانوں میں کافی تنوع ہے۔ افسانہ "یہ دھرتی کے بیٹے" کسان کی جدوجہد کی سچی تصویر دکھاتا ہے۔ متوسط طبقے کی تصویر افسانہ "کلرک " اور" اسکول ماسٹر " میں صاف دکھائی دیتی ہے حقیقت تو یہ ہے کہ اپنے موضوع کی تلاش ہر ماحول میں کرلیتی ہیں۔ بقول سہیل عظیم آبادی

"وقت کے لحاظ سے موضوع پر افسانہ لکھنے والوں میں کرشن چندر کے بعد صدیقہ بیگم کا ہی نام آتا ہے۔ بہت سے مواقع پر جب ہمارے دوسرے فنکار خاموش رہے ہیں تو کرشن چندر نے ہماری رہنمائی کی۔ اپنی پوری قوت اور صلاحیت کے ساتھ۔ اس لحاظ سے صدیقہ بیگم کی خدمات بھی نہیں بھلائی جاسکتیں۔ انہوں نے ہمیشہ وقت کی آواز پر لبیک کہا ہے اور جب بھی لکھا ہے پورے جوش کے ساتھ۔"

(پیش لفظ پلکوں میں آنسوں۔ سہیل عظیم آبادی، ص ۱۱)

وقار عظیم رقمطراز ہیں:

" صدیقہ بیگم موضوع کی تلاش میں مختلف دنیا کی سیر کرتی ہیں غریبوں کی بستیاں ،امیروں کے محل، بنگال کے قحط زدہ علاقے، جذبات کی دنیا، ماضی کے تصورات ان مختلف فضائوں میں انھیں کبھی کبھی ایسی دنیا مل جاتی ہے جو معلوم ہوتا ہے کہ ان کی اپنی ذاتی دنیا ہے۔ اس دنیا میں آکر ان کے بیان میں بھی جوش پیدا ہو جاتا ہے اور کہانی میں بھی کہانی کی بات پیدا ہو جاتی ہے"۔

(نیا افسانہ، وقار عظیم، جناح پریس، دہلی، ۱۹۴۶، ص ۲۰۰)

تقسیم ہند اور اس کے بعد رونما ہونے والے فسادات کو صدیقہ بیگم نے اپنے افسانوں میں پورے فنی شعور کے ساتھ پیش کیا ہے۔ اس ضمن میں ان کے افسانے رقص بسمل، روپ چند، گوتم کی سرزمین، شیشے کے گھر، "پرائے دیس میں" شاہ کار افسانوں کی

فہرست میں شامل کیے جا سکتے ہیں۔ قیامت خیز ہنگاموں کا بیان صدیقہ بیگم نے اپنے افسانے "گوتم کی سرزمین" بہت موثر انداز میں پیش کیا ہے۔ ماضی اور حال کی تصویر اپنی پوری فنی مہارت کے ساتھ بیان کی ہے۔ سیاسی رہنمائوں پر زبردست طنز بھی کیا ہے۔

مختلف موضوعات پر دوسرے کئی افسانہ نگاروں نے افسانے لکھے۔ مثلاً منٹو، کرشن چندر، بیدی، عصمت چغتائی، ہاجرہ مسرور، خدیجہ مستور وغیرہ ان کے علاوہ صدیقہ بیگم ہم عصر افسانہ نگار بانو قدسیہ، عصمت چغتائی، قرۃ العین حیدر، ممتاز شیریں وغیرہ نے بھی عورتوں کے مسائل فسادات، تقسیم ہند قحطِ بنگال کے علاوہ دیگر موضوعات پر افسانے لکھے اور اپنا مقام حاصل کر لیا۔ لیکن ہمارے ناقدین نے صدیقہ بیگم سیوہاروی پر اس طرح گفتگو نہیں کی جو دیگر افسانہ نگاروں کے حصے میں آئی۔ اس گفتگو میں دیگر افسانہ نگاروں سے صدیقہ بیگم سیوہاروی کا موازنہ مقصود نہیں بلکہ مقصد یہ ہے کہ انھیں وہ مقام و مرتبہ ضرور ملنا چاہیے جس کی وہ مستحق ہیں۔

***

نیّر مسعود کی افسانہ نگاری

عریشہ تسنیم

اردو ادب میں ۱۹۷۰ کے بعد جن افسانہ نگاروں کی واضح شناخت قائم ہوئی ان میں نیر مسعود (پ: ۱۶ نومبر ۱۹۳۶، و: ۲۴ جولائی ۲۰۱۷) کا نام بھی آتا ہے۔ نیر مسعود اعلیٰ درجہ کے محقق، مترجم اور نقاد کی حیثیت سے جانے جاتے ہیں۔ لیکن ان کی شہرت کی خاص وجہ ان کے وہ افسانے ہیں جو چار مجموعوں میں شائع ہوئے ہیں۔ یہ مجموعے سیمیا، عطر کافور، طاؤس چمن کی مینا اور 'گنجفہ' کے نام سے مشہور ہیں۔ انھوں نے اپنے افسانوں میں روایتی بیانیہ سے الگ ہٹ کر اسے مغربی پیرائے اظہار دے کر پیش کیا ہے۔ نیر مسعود کے بیش تر افسانے ان کے خواب میں نظر آئے زماں اور مکاں سے پرے نقوش، عوامل یا واردات کے عکس ہیں جنھیں لفظی جامہ پہنا کر افسانہ یا قصہ کا روپ دیا گیا ہے۔ ساتھ ہی اس بات پر بھی خاص توجہ دی گئی ہے کہ خواب اس طرح پیش کیا جائے کہ قاری کے دل پر بھی ویسے ہی احساسات واثرات مرتب ہوں جو مصنف کے دل پر ہوئے۔ اس کے لیے موقع کے اعتبار سے صحیح الفاظ کا انتخاب کرنا، جملوں کو ایسے ترتیب دینا جس سے نقوش ابھر کر سامنے آئیں اور کم سے کم اور عام فہم الفاظ کا استعمال کرنا وغیرہ شامل ہیں۔ یہ سب ان کے اسلوب کی غیر معمولی خصوصیات ہیں۔ نیر مسعود کے افسانے چونکہ ان کے خوابوں سے تراشیدہ ہوتے ہیں اس لیے عموماً ان کے افسانوں کا کوئی

موضوع پہلے سے طے نہیں ہوتا۔

ساگری سین گپتا سے انٹرویو کے دوران انھوں نے اس بات کو تسلیم کیا ہے۔"میری کہانیوں میں، بلکہ پوری زندگی میں خوابوں کا بہت بڑا کردار ہے۔ بعض خواب تو اس قدر مربوط، گویہ پورے بنائے افسانے کے طور پر دیکھے۔ بہت لمبے خواب بھی دیکھے۔۔۔ قسطوں میں کوئی خواب نہیں دیکھ سکا ہوں اب تک بار بار دکھائی دینے والے خواب بھی دیکھے۔ یہ تو سبھی کے ساتھ ہوتا ہے کہ کوئی ایک یاد و خواب بار بار دکھائی دیتے ہیں اور سمجھ میں نہیں آتا کہ کیوں؟"ا

نیر مسعود ہر اعتبار سے ادب کی ایک پروقار شخصیت ہیں لیکن جس چیز نے انھیں عالمی سطح پر شہرت اور مقبولیت دلائی وہ ان کے افسانے ہیں۔ افسانوں میں بھی ان کا وہ خاص اسلوب جس کے لیے نیر مسعود پہنچانے جاتے ہیں۔ اسی خاص اسلوب کی وجہ سے ان کے افسانے اتنے مشہور ہوئے۔ ہندوستان اور بیرون ملک میں بھی ان کے افسانوں کے مداحوں کی اچھی خاصی تعداد ہے۔ یہ افسانے انگریزی اور دیگر غیر ملکی زبانوں میں ترجمہ ہو کر دور دور تک پھیلے اور انھیں بھرپور داد و تحسین حاصل ہوئی۔ ان کے افسانوں کے منفرد اور متنوع موضوعات اور ان میں پوشیدہ معنی خیزی اور اسرار کے عنصر کی وجہ سے مغربی ممالک کی ادبی دنیا ان سے متاثر ہوئی۔ انگریزی میں ان کے افسانوں کو موضوع بنا کر کئی چھوٹے بڑے مضامین لکھے گئے، ان میں سب سے اہم تحریریں محمد عمر میمن کی ہیں جو University of Wiscosin, Madison کے پروفیسر ہیں۔ ان کے علاوہ ایلی زبیتھ بیل (Elizabeth Bell)، محمد سلیم الرحمن، زینو (صفدر میر) اور مظفر علی سید کی تحریریں بھی نیر مسعود کی افسانہ نگاری سے متعلق ہیں۔ ان تحریروں سے یہ اندازہ ہو جاتا ہے کہ نیر مسعود کو بیرون ملک میں کتنی شہرت و مقبولیت حاصل ہوئی۔

اردو میں ان کی افسانہ نگاری کی طرف اتنی توجہ نہیں دی گئی جتنی بیرون ممالک میں دی گئی۔

نیر مسعود کی افسانہ نگاری سے متعلق کچھ نامور دانشوروں کی رائیں مندرجہ ذیل ہیں:

(i) "نیر مسعود کی ایک اپنی نجی دنیا ہے جسے وہ اپنے نفس (اپنی ہستی) کے حوالے سے دیکھتے ہیں۔ یہ آئینے سے جھانکتے ہوئے عکسوں، ابہامات اور بیک وقت نمایاں اور دھندلی بے خیالوں کی دنیا ہے جو اپنے خلا کے کھنچاؤ سے ہمیں پر اسمیاں بھی کرتی ہے۔ ماضی یہاں مسلسل حال پر مسلط رہتا ہے لیکن ساتھ ہی ساتھ اس میں معنی پیدا کرنے کی ہر کوشش کی تادیب بھی کرتا رہتا ہے۔" (Elizabath. Bell)۲

(ii) "نیر مسعود کی کہانیاں بنیادی طور پر اپنی ہیئت کے لحاظ سے تجدد پسند اور مواد کے لحاظ سے روایت پسند کہی جا سکتی ہیں۔ ان کہانیوں میں صرف "وقوعے" ہیں۔(ان میں) رسمی معنوں میں کہانیاں نہیں ہیں۔"۳

(زینو: The Fiction of Past as Present)

ان جائزوں اور تاثرات کے ساتھ اگر ان متفرق رایوں کو بھی شامل کر لیا جائے جن کا اظہار ان کی کہانیوں کے انگریزی تراجم کی اشاعت کے بعد کیا گیا تو ایک دلچسپ اور الجھی ہوئی تصویر رونما ہوتی ہے۔ مثال کے طور پر مارکس (Globe Correspondant) نے کہا کہ یہ کہانیاں (عطر کافور) ماورائی اشاروں اور نفسیاتی حرارتوں کے ایک چابکدست آمیزی کی صورت میں سامنے آتی ہیں۔ نیر مسعود کی (قاری کے احساسات کو) گرفت میں لے لینے والی مافوقیت (Supernaturalism) کی دور افتادگی اپنے حقیقی (اور صداقت پر مبنی) ہونے کا اثر پیدا کرتی ہے، جسے برآمد

(Export) کرنے کے لیے پیدا نہیں کیا گیا۔

Elle Mazazine کے مطابق:

"یہ کہانیاں ایک جادوئی قالین کے گنجان دھاگوں سے بنی ہوئی محسوس ہوتی ہیں۔ گویا کہ مجموعی اعتبار سے یہ کہانیاں ایک اجنبی، نادیدہ مگر پر کشش حقیقت اور ایک ایسی دنیا کی تشکیل کرتی ہیں جو ہمارے لیے ہے بھی اور نہیں بھی ہے۔"۴

افسانوی مجموعہ عطر کافور کا پہلا افسانہ 'مراسلہ' ہے۔ اس میں پلاٹ بظاہر سیدھا سادہ معلوم ہوتا ہے لیکن افسانے کو آخر تک پڑھنے پر بھی قاری کہانی کی مختلف کڑیاں جوڑ کر اسے قصے کی شکل دینے میں مشکل محسوس کرتا ہے۔ یہ نیر مسعود کے فن کی ایک بڑی خصوصیت ہے کہ بظاہر سیدھا سادہ نظر آنے والا پلاٹ بھی کئی معنوی جہات کا حامل ہوتا ہے۔ افسانہ 'سلطان مظفر کا واقعہ نویس' میں پلاٹ کافی الجھا ہوا معلوم ہوتا ہے۔ اس میں صحرا جس میں سلطان مظفر کا بغیر چھت کا مقبرہ ہے، قلعہ جس میں ہیولائی قسم کے کردار رہتے ہیں اور صحرائی مہم وغیرہ کا بیان ہے۔ واقعہ نویس کا بیان بڑے پر اثر انداز میں ہوا ہے جس سے قاری عجب طرح سے اس میں جکڑا رہتا ہے۔ اس میں کئی کردار ہیں۔ مثلاً سلطان مظفر، واقعہ نویس، صحرائی عورت وغیرہ کا ذکر ہے۔ نیر مسعود کے یہاں پلاٹ کا باضابطہ التزام نہیں ملتا۔ بہ الفاظ دیگر انھوں نے وحدت تاثر اور مربوط پلاٹ پر استوار یک رخے افسانے لکھنے سے احتراز کیا ہے۔ ان کے افسانوں کے پلاٹ اکہرے نہیں ہوتے بلکہ اصلی پلاٹ سے ذیلی پلاٹ نکلتے رہتے ہیں۔ کبھی کبھی ذیلی پلاٹ ان کے اصلی پلاٹ پر حاوی ہو جاتے ہیں، لیکن ان کا یہ فنی کمال ہے کہ اختتام کے وقت اس کا اصلی پلاٹ پھر کسی نہ کسی صورت میں سامنے آجاتا ہے اور تمام ذیلی پلاٹ کے نقوش دھندلے پڑ جاتے ہیں۔ پھر بھی اس حقیقت سے انکار نہیں کیا جا سکتا کہ ذیلی قصوں کی کثرت کی وجہ سے ان

کے افسانوں میں بھول بھلیاں کی کیفیت پیدا ہو جاتی ہے، جس سے پڑھنے والے کا ذہن الجھ کر رہ جاتا ہے اور کہانی کی اصل روح تک پہنچنے کے لیے بڑی ژرف بینی درکار ہوتی ہے۔

نیر مسعود کے زیادہ تر افسانوں میں محض کسی ایک قصے کا بیان نہیں ملتا بلکہ اس سے جڑے اور قصوں کا بیان بھی شامل رہتا ہے۔ مثال کے طور پر افسانہ 'اوجھل' میں نو عمر واحد متکلم کے جنسی تجربات کے بیان کے علاوہ مکان کے معائنوں کا ذکر، ایک نامعلوم تیمار دار اور غرقاب دوشیزہ کا تفصیلی تذکرہ ہے۔ 'نصرت' میں مرکزی کردار کی کہانی کے علاوہ بدکار عورت اور بوڑھے جراح کا بیان ہے۔ 'سلطان مظفر کا واقعہ نویس' میں سلطان کی صحرائی مہم، مقبرہ کی تعمیر کا حال، ایک دوشیزہ سے سلطان کے تعلقات اور پھر ایک زہریلے درخت کا ذکر ہے۔ 'عطر کافور' میں کافوری چڑیا، عطر سازی کے مختلف مراحل اور پھر ماہ رخ سلطان اور اس کی نامعلوم بیماری کا بیان ہے۔ ان کے بیشتر افسانوں میں ذیلی قصوں کی کثرت اور تنوع کی وجہ سے پیچیدگی اور مبہم سی کیفیت پیدا ہو گئی ہے۔ البتہ یہ کیفیت پیدا کرنے کا شعوری مقصد شاید یہ ظاہر کرنا ہے کہ دنیا اصل میں مترادفات کا مجموعہ ہے۔ اسی فلسفے کو مد نظر رکھتے ہوئے وہ اپنے افسانے تحیر خیزی، بے مرکزیت، بھول بھولیوں والے پلاٹ اور فضا اور کردار کے عجوبے پن سے خلق کرتے ہیں۔ بعض اوقات تو محض بیان سے بھول بھلیاں کا تاثر پیدا کر دیتے ہیں مثلاً:

"پھر میں پھاٹک کے اندر داخل ہو گیا۔ مجھے ہر طرف دیواریں ہی دیواریں نظر آئیں۔ آگے پیچھے بنی ہوئی اونچی دیواریں مختلف زاویوں سے ایک دوسرے کے قریب آتیں، پھر دور ہو جاتیں۔ سب سے اونچی دیواریں سب سے پیچھے تھیں۔ یہ نیم دائرے کی شکل میں اٹھائی گئی تھیں اور یہی دور سے چھت کا فریب دیتی تھیں۔ "۵

بورخیس کی طرح نیر مسعود نے بھی بھول بھلیاں کی تمثیل اپنے افسانوں میں کثرت سے استعمال کی ہے۔ ایسا لگتا ہے کہ معاشرتی و سماجی تصورات کی مضحکہ خیزی کو اجاگر کرنے کے لیے بھی انھوں نے متعدد ذیلی قصوں کو بیک وقت بیان کیا ہے تاکہ اس میں چھپے ہوئے عناصر کی نشاندہی کی جا سکے۔ سہیل وحید سے ایک انٹرویو میں نیر مسعود اپنی کہانیوں کے موضوع کے متعلق فرماتے ہیں:

"میں موضوع کے بارے میں سوچتا نہیں ہوں۔ اسی لیے کہا جاتا ہے کہ کہانیاں مبہم ہیں اور یہ سمجھ میں نہیں آتا کہ کہانی میں آپ کہنا کیا چاہ رہے ہیں۔ ضمنی موضوعات بہت سے ہوتے ہیں لیکن بنیادی موضوع کوئی ایک نہیں ہوتا۔ بعض کہانیوں میں ہے لیکن عام طور پر کہانیوں کا کوئی موضوع نہیں ہے۔ ضمناً تمام موضوعات زیر بحث آتے ہیں۔ اس کو چاہے میری کمزوری سمجھ لیجیے کہ موضوع بنا کر کہانی نہیں لکھ پاتا ہوں۔"٦

دو مختلف افسانوں کے درمیان ارتباط قائم کرنے کا ہنر، وہ ہنر ہے جس میں نیر مسعود کا کوئی شریک نہیں۔ وہ ایک افسانے کی تفصیلات / واقعات کو دوسرے افسانے میں ہنرمندی سے اس طرح شامل کرتے ہیں کہ افسانہ خود اپنے آپ میں مکمل ہونے کے باوجود ایک دوسرے متن کی تشکیل میں بھی شریک ہوتا ہے۔ مثلاً 'جانوس' میں ایک شخص افسانے کے راوی کو کہتا ہے کہ وہ یہیں لکھنؤ کا رہنے والا ہے اور یہاں نواب سہراب کی حویلی اس کے خاندان کی تھی جو اب اس کی نہیں ہے۔ 'جانوس' میں اس مفلوک الحال شخص کی صرف ایک شناخت بتائی گئی ہے کہ اس کا رنگ بہت کالا تھا۔ اب اس مجموعے کے دوسرے افسانے 'جرگہ' میں ایک منظور صاحب نامی شخص نے ایک پرانی حویلی خرید کر اسے پھر سے باز تعمیر کے بعد اس میں پہلی دعوت کی ہے۔ کوٹھی کے سامنے محمد میاں کی چائے کی دکان میں موجود ایک شخص ہے جس کا رنگ سیاہ ہے اس کوٹھی کی باز تعمیر کا

حال بیان کر رہا ہے۔ اس گفتگو میں سیاہ رنگ والا شخص بتاتا ہے اس کوٹھی کا سامنا ایسا نہیں جیسا کہ اصل عمارت میں تھا۔ پھر مکالمے کے دوران محمد میاں اس سے پوچھتا ہے۔

"تو تمھیں پتہ ہے حویلی کا سامنا کیسا تھا؟"

"مجھے پتہ نہیں ہو گا" دوسرے آدمی نے دھیرے سے کہا اور محمد میاں اچانک افسردہ نظر آنے لگا۔ "سچ کہا خیر چھوڑو۔ یہ بتاؤ کہیں رہنے کا ٹھکانہ ہوا"؟ میری مانو تو وہ ٹھٹک کر رہ گیا۔"ے

سیاہ رنگ والا یہ شخص جسے چائے والا 'نواب' کہہ کر مخاطب کرتا ہے 'جانوس' کا وہی اجنبی ہے جو کانپور سے واپس لکھنؤ آگیا ہے اور جس نے ڈاکٹر صاحب کو بتایا تھا کہ اس کی آبائی کوٹھی وہی ہے جسے منظور صاحب نے خرید لی۔

افسانوی مجموعہ 'عطر کافور' کی اشاعت (۱۹۹۰) کے بعد چوتھے مجموعے 'گنجفہ' اشاعت (۲۰۰۸) میں 'پاک ناموں والا پتھر' کے عنوان سے ایک افسانہ شامل ہے۔ اس میں پاک ناموں والے پتھر کو راوی کا خاندانی نشان بتایا گیا ہے "جس کی خاطر خون بہا ہے۔" اس افسانے میں وہ استاد بھی موجود ہے جس نے 'وقفہ' میں راوی کو پڑھایا تھا اور 'طاہرہ بی بی' بھی جنھوں نے 'وقفہ' میں راوی کو ایک لڑکی کے ذریعہ استاد کے مرنے کی خبر اور ایک سرخ رومال میں رکھی کنجیاں بھجوائی تھی۔ اس خاندانی نشان کا ذکر نیر مسعود نے اپنے پہلے افسانوی مجموعے کے پہلے افسانے 'اوجھل' میں بھی کیا ہے۔ مثال:

"میری روانگی سے کئی دن پہلے جب میرے گلے میں پاک ناموں والا پتھر ڈالا گیا، جو میرے خاندان میں کئی پشتوں سے چلا آرہا تھا، تو میری بیزاری اور بڑھ گئی۔"۸

نیر مسعود کے افسانوں کا فنی جائزہ لینے پر پتا چلتا ہے کہ نیر مسعود نے روایت سے انحراف کرتے ہوئے اپنے افسانوں میں وقوعہ کو مرکز توجہ بنانے کے بجائے لسانی اظہار کو

زیادہ اہمیت دی ہے۔ اس لیے ان کے افسانوں میں بیانیہ معروضی ہونے کے ساتھ اس میں ممکنہ تمام امکانات کی گنجائش، قول محال کا استعمال، ایک کہانی میں کئی ذیلی قصوں کی موجودگی جس کے نتیجے میں بھول بھلیاں جیسی کیفیت اور ریاضیاتی توازن یعنی ایک ایک جزو کا باریکی سے تذکرہ وغیرہ خصوصیات پائی جاتی ہیں۔ تکنیک کے سلسلے میں نیر مسعود بورخیس سے متاثر ہیں اور اسی لیے اپنے افسانے "جانوس" کے سرنامہ کے طور پر انھوں نے بورخیس کا ایک قول "The world, unfortunately is real" تحریر کیا ہے۔

نیر مسعود کے افسانوں میں جابہ جا میجکل ریلزم کی جھلک بھی ملتی ہے اور قاری جب ان کے افسانوں کا مطالعہ کرتا ہے تو اسے محسوس ہوتا ہے کہ گویہ وہ کسی عجوبے، کسی جادوئی دنیا میں پہنچ گیا ہے یا خوابوں کی دنیا میں سیر کر رہا ہے جہاں کشش بھی ہے، خوف کا عنصر بھی ہے اور زندگی اور مناظر کے کئی معنی دیتے اشارے بھی۔ میجکل ریلزم کی کارفرمائی نیر مسعود کے افسانوں کے مندرجہ ذیل اقتباسات میں دیکھے جاسکتے ہیں:

ا۔ "دھوپ میں تیزی آگئی تھی اور اب کچی سڑک کے آثار بھی ختم ہو گئے تھے، البتہ گرد آلود پتیوں والے درختوں کی دورویہ مگر ٹیڑھی میڑھی قطاروں کے درمیان اس کا تصور کیا جاسکتا تھا، لیکن اچانک یہ قطاریں اس طرح منتشر ہوئیں کہ سڑک ہاتھ کے پھیلے ہوئے پنجے کی طرح پانچ طرف اشارہ کر کے رہ گئی۔ یہاں پہنچ کر میں تذبذب میں پڑ گیا۔ مجھے گھر سے نکلے ہوئے بہت دیر نہیں ہوئی تھی اور مجھے یقین تھا کہ میں اپنے محلے سے بہت دور نہیں ہوں، پھر بھی میں نے وہاں پر ٹھہر کر واپسی کا راستہ یاد کرنے کی کوشش کی۔ میں نے پیچھے مڑ کر دیکھا۔ گرد آلود پتیوں والے درخت اونچی نیچی زمین پر ہر طرف تھے۔ میں نے ان کی قطاروں کے درمیان سڑک کا تصور کیا تھا لیکن وہ قطاریں بھی شاید میرے تصور کی پیداوار تھیں، اس لیے کہ اب ان کا کہیں پتہ نہ تھا۔"۹

۲۔ "اس کی نظر اب بھی مجھ پر جمی ہوئی تھی لیکن یقیناً میں اسے دکھائی نہیں دے رہا تھا"۔ ۱۰

۳۔ "اگلے موڑ پر اس کی ایک ہلکی سی جھلک دکھائی دی اس کے بعد درختوں اور ٹیلوں کے درمیان وہ بار بار نظر آتا اور غائب ہوتا رہا اور اب ہر جھلک کے ساتھ اس کی شائستگی نمایاں ہو رہی تھی اور ہر جھلک کے ساتھ اس کی کہنگی دور ہو رہی تھی۔ "۱۱

نیر مسعود کے افسانوں میں میجکل ریلزم کے عناصر پر گفتگو کرتے ہوئے کچھ ادیبوں نے اپنی رائیں اس طرح ظاہر کی ہیں۔

عتیق اللہ اپنے مضمون میں فرماتے ہیں:

"نیر مسعود کے ذہن کی پرداخت بھی ہماری کلاسیکی داستانوں اور مثنویوں کے ماحول میں ہوئی تھی۔ اسی باعث قدیم سے رشتہ جوڑ کر جدید کی مانوسیت کو انھوں نے نامانوسیت میں بدلنے کی سعی کی ہے۔ جس ماحول اور باغ کو انھوں نے پیش کیا ہے وہ کتاب سے حاصل کردہ تجربے کے طور پر ان کے ذہن کے اندر اور بہت اندر تہہ نشست ہے۔ جس نے اب محض ایک اسرار اور ایک گم شدہ خزانے کی صورت اختیار کرلی ہے۔ یہی وجہ ہے کہ نیر مسعود کے اکثر افسانوں میں ایک گم شدہ تہذیبی اور طلسمی سیاق وسباق، ایک ڈراونے خواب میں بدل جاتا ہے۔ "۱۲

مہدی جعفر نے نیر مسعود کے علامتی بیانیہ کا جائزہ لیتے ہوئے اس خصوصیت کی طرف اشارہ کیا ہے:

"ان کے افسانے 'کافکا' اور 'پو' جیسے فن کاروں سے قریب مگر "جوائس" وغیرہ کی فن کاری سے فاصلے پر ہیں۔ ان کے چند افسانوں میں میجک ریلزم کی کارفرمائی ہے۔ دیوندر اسر کی حقیقت پر مبنی Magic Realism کے برخلاف نیر مسعود کی میجک ریلزم خواب

ناک علامتوں پر استوار ہے۔ جب کہ سریت دونوں کے یہاں موجود ہے۔ نیر مسعود کا فن اتنا محدود نہیں ہے کہ وہ محض لکھنؤ کے زوال کا المیہ رقم کریں۔ دراصل وہ فنا کا افسانہ لکھتے ہیں۔ صاف اور لطیف زبان کے باوجود نیر مسعود کے افسانے قارئین کے لیے پیچیدہ ہوتے ہیں۔"۱۳

ان اقتباسات سے یہ حقیقت واضح ہو جاتی ہے کہ نیر مسعود کے افسانوں کے کینوس پر میجکل ریلزم کی جابہ جا کار فرمائی ہے۔ جس کے نتیجے میں ان کے افسانے مبہم، خواب ناک اور خوف کی فضا لیے معلوم ہوتے ہیں۔

نیر مسعود کے افسانوی مجموعہ 'عطر کافور' کے سارے افسانے علامتی قسم کے ہیں۔ ان میں مرکزی افسانہ 'عطر کافور' علامتی قسم کے افسانے کی بہترین مثال ہے۔ اس میں کافور اور عطر کافور مختلف معنوں میں استعمال ہوئے ہیں۔

(i)۔ کافور کا مفہوم انسان کا وجود اور اس کی شخصیت سے متعلق ہے۔ افسانے میں چوکور مرتبان جس میں کافور رکھا ہے انسان کا جسم، مرتبان میں رکھا کافور انسان کا وجود اور اس کی خوشبو روح ہے جو دوسروں کو متاثر کرتی رہتی ہے۔ انسان کا وجود رفتہ رفتہ موت کی طرف بڑھتا رہتا ہے جس طرح کافور خوشبو کے ساتھ دھیرے دھیرے اڑتا رہتا ہے۔ کچھ وقفے کے بعد کافور کی طرح انسان کا وجود عدم میں گم ہو جاتا ہے۔

(ii)۔ عطر کافور دو معنوں میں استعمال ہوا ہے۔

(الف) عطر کافور سے مراد نیر مسعود کے افسانے ہیں جو بظاہر سادہ، جذبات سے خالی اور ویرانی جیسی کیفیت لیے ہوتے ہیں جس طرح عطر کافور میں کوئی رنگ نہیں ہوتا اور اس کی خوشبو سے موت، بیزاری اور عدم کا تصور ذہن میں آتا ہے۔ لیکن افسانوں کا جب بغور مطالعہ کیا جاتا ہے تو ان میں فنا پذیری اور نظام قدرت سے متعلق فلسفے چھپے

ہوتے ہیں۔

(ب) عطر کافور جو بے رنگ اور اس میں کوئی خوشبو نہیں ہوتی ہے افسانے کی ہیروئن ماہ رخ سلطان کا تلازمہ ہے کیونکہ ماہ رخ بھی جذبات سے خالی ایک کردار ہے جو رفتہ رفتہ مرض کے سبب موت کے قریب ہوتی جاتی ہے اور اخیر میں اس کا وجود ختم ہو جاتا ہے۔

نیر مسعود کے افسانوں کا موضوعاتی مطالعہ کیا جاتا ہے تو افسانوں میں موضوعاتی وحدت دیکھنے کو ملتی ہے۔ اگر موضوعاتی وحدت سے افسانوں کو بچایا گیا ہوتا تو ان کی ادبی اہمیت اور زیادہ ہوتی ساتھ ہی وسعت پیدا ہونے کے زیادہ امکانات ہوتے۔ اس کے علاوہ ان کے افسانوں میں موجود کرداروں کے اعمال و کیفیات میں بھی یکسانیت پائی جاتی ہے۔ ان کے تمام افسانوں پر نگاہ ڈالنے پر یہ اندازہ ہوتا ہے کہ بیشتر کردار کسی نہ کسی بیماری میں مبتلا ہیں۔ ان کے زیادہ تر افسانے علالت، معالج اور تیماردار کے ذکر سے خالی نہیں ہیں۔ بہت سے کردار سحر کے اثر میں مبتلا لگتے ہیں۔ اس کے علاوہ کرداروں پر اکثر کسی نہ کسی مرحلہ میں غنودگی ضرور طاری ہوتی ہے۔ افسانوی مجموعہ 'سیمیا' میں شامل افسانے 'او جھل' اور 'مسکن' میں مرکزی کردار بولنا اور سوچنا چھوڑ دیتے ہیں۔ 'سیمیا' کے بیشتر کردار سحر گزیدہ معلوم ہوتے ہیں، ان کے اعمال و افعال سے وہ کسی قدیم داستان کے مافوق الفطری کردار لگتے ہیں۔۔ دوسری بات جو شدت کے ساتھ محسوس ہوتی ہے وہ یہ ہے کہ ان کے یہاں رمز و اشارات کثرت سے پائے جاتے ہیں، نتیجتاً افسانوں کے معنوی اور موضوعاتی پہلو بآسانی سامنے نہیں آتے لیکن اس کا مطلب یہ نہیں کہ ان کے افسانے معنی سے خالی ہیں بلکہ ان میں معنی کا ایک جہاں آباد ہے جہاں تک رسائی کے لیے ژرف بینی درکار ہوتی ہے۔

حوالہ جات:

۱۔ رسالہ آج،۱۹۹۸

۲۔ سہ ماہی اردو ادب، ۲۰۰۲، ص،٦٦

۳۔ سہ ماہی اردو ادب، ۲۰۰۲، ص٦٧

۴۔ سہ ماہی اردو ادب، ۲۰۰۲، ص٦٧

۵۔ عطر کافور، ص، ٦٢ ٦۔ رسالہ آجکل،۲۰۰۸

۷۔ جرگہ، ص،۸ ۸۔ او جھل، ص،۱۹

۹۔ مراسلہ، ص١٦ ١٠۔ سیمیا، ص، ۱۷۴

۱۱۔ سیمیا، ص، ۱۷۴

۱۲۔ نیر مسعود کی افسانوی واہمہ سازی، ص، ۲۸۳

۱۳۔ افسانہ بیسوی صدی کی روشنی میں، ص،۵۷,۵٦

***

موسیٰ مجروح کی افسانہ نگاری

ذاکر حسین ذاکر

عہد حاضر کے ہم عصر افسانہ نگاروں میں موسیٰ مجروح کا نام کسی تعارف کا محتاج نہیں ہے۔ افسانوی ادب میں مجروح کی شناخت مقصد انگیز افسانہ نگار کے طور پر ہوتی ہے۔ وہ بنیادی طور پر رومانی افسانہ نگار ہیں۔ مگر ان کے افسانوں میں معاشرتی نظام کے مسائل اور تعمیری اقدار کی بازیافت کی جھلک صاف محسوس کی جاسکتی ہے۔ یہی وجہ ہے کہ ان کے افسانے زندگی کی توانائی سے بھرپور ہیں۔ موسیٰ ادب میں فن برائے فن اور ادب برائے ادب دونوں ہی نظریے کے یکساں طور پر قائل ہیں۔ وہ ادب کو زندگی کی اعلیٰ قدروں کا ترجمان و آئینہ تصور کرتے ہیں۔ ان کے افسانوں میں ان کے اس مسلک کی جھلک صاف دکھائی دیتی ہے۔ انھوں نے اپنی ادبی زندگی کی شروعات شعر و شاعری سے کی۔ وہ ایک اچھے استاد اور اچھے انسان تھے۔ اس لیے ان کی شاعری ان دونوں ہی خوبیوں کا پرتو نظر آتی ہے۔ وہ جدید معنویت اور کلاسیکی ندرت سے معمور دلکش اشعار کہتے ہیں۔

لکھ لکھ کے چوما ورق دل پہ تیرا نام
قائم ہیں آج بھی میرے وحشت کے سلسلے
سورج چھپا کے اپنی شعائیں بھی لے گیا
ذروں کی بے بساط ادائیں بھی لے گیا

مجروح اس لٹیرے کا کیا تذکرہ کروں
جو دل کے ساتھ میری دعائیں بھی لے گیا

جب موسیٰ مجروح ایسی غزلیں کہہ رہے تھے تو اسی زمانے میں ان کے قریبی عزیز اور معروف ادیب علامہ خیر بہوروی جن سے موسیٰ مجروح کی اکثر خط و کتابت ہوتی رہتی تھی۔ انھیں غزل گوئی کے شریف فن کو بدنام نہ کرنے کا مشورہ دے دیا۔ انھوں نے کہا کہ شاعری میں سب سے مشکل کام غزل کہنا ہے اور اس صنف کو سب سے آسان سمجھا جاتا ہے۔ غزل کا ایک مزاج ہوتا ہے جو آسانی سے نہیں سمجھا جا سکتا۔ دل بہلانے کے لیے شعر گوئی کو میں دوسرے مشاغل سے بہتر سمجھتا ہوں۔ مگر سنجیدہ شاعری کے لیے معیاری ہونا شرط ہے۔ خیر بہوروی یہیں نہیں رکے انھوں نے موسیٰ صاحب کو مخاطب کرتے ہوئے امیر مینائی کا شعر بھی پڑھا۔

(پل صراط از موسیٰ مجروح ص:۶ نشاط پریس ٹانڈہ فیض آباد لکھنو۱۹۸۳ء)

تم اس کو امیر اور کوئی کام سکھاؤ
تڑپانے تڑپنے کے لیے دل نہیں ہوتا

علامہ خیر بہوروی کی اس طنزیہ ترغیب پر جب موسیٰ مجروح نے نثر نگاری میں دشت نوردی کا فیصلہ کیا تو انھوں نے اس کے لیے افسانے کو اپنے مزاج سے زیادہ ہم آہنگ اور قریب تر پایا۔ علاّمہ کا مشورہ نوجوان موسیٰ کے ذہن پر اسی طرح گراں گزرا جیسے غالب کا 'مردہ پروردن مبارک کار نیست' والا مشورہ سرسید کو برا لگا تھا۔ جس طرح سرسید اپنی ناراضگی کے باوجود اس مشورے کی تپش کو اپنے ذہن سے نہیں جھٹک سکے اسی طرح موسیٰ بھی علامہ کے دل بہلانے کے لیے شعر گوئی کا مشورہ بھی بھول نہیں پائے۔ موسیٰ نے غزل کہنی تو نہیں چھوڑی مگر جب انھوں نے افسانہ لکھنا شروع کیا تو اس میں انھوں

نے خوب دل تڑپائے۔ پور پور جب کسی شاعر کا ذہن انسانی مسائل سے زیادہ روبرو ہوتا ہے تو اسے غالب کی طرح غزل تنگ محسوس ہونے لگتی ہے۔ موسیٰ مجروح سماجی تقاضوں کو گہرائی سے محسوس کرنے والے شاعر تھے۔ اس لیے ان کو افسانہ نگاری میں قدم رکھنا ہی چاہئے تھا۔ افسانوی ادب ہی ادیب کے ذہنی تقاضوں کی تکمیل کا اہل ہے۔ اسی لیے شاید انتظار حسین نے مرزا غالب کو کلاسکی شاعری کا حرف آخر اور نئے فکشن کا نقطۂ آغاز کہا تھا۔ وہ اس لیے بھی یہ بات کہنے کی جسارت کر سکے کہ غالب نے "اور چاہیے وسعت میرے بیاں کے لیے" جیسی بات کہہ کر شاعری میں اظہار کی تنگی کی طرف اشارہ کر دیا تھا۔ غالب صرف غزل کہتے تھے جس میں تنگی کا احساس ہونا فطری عمل تھا۔ ان کے زمانے میں شاعری کے علاوہ کسی دیگر اصناف میں اپنی بات کھل کر کہہ پانے کی سہولیت موجود نہ تھی۔ انتظار حسین کے مطابق 'غالب کو اپنے بیان کے لیے جس وسعت کی تلاش تھی۔ وہ انھیں ناول ہی میں میسر آسکتی تھی۔

(علامتوں کا زوال از انتظار حسین ص: ۱۸۲ مکتبہ جامعہ لمیٹیڈ نئی دہلی ۱۹۸۳)

لیکن غالب نے اس خلا کو پر کرنے کے لیے خطوط نگاری میں اپنا راستہ بنایا۔ انھوں نے خطوط نگاری کو افسانوی فضا میں ڈھال کر جس سہل انگیز نثر نگاری سے متعارف کرایا، اس کی دھڑکن ہم آج بھی محسوس کرتے ہیں۔ مگر اب ڈیڑھ صدی بعد امتداد زمانہ کی وجہ سے شاعروں نے غزل کے علاوہ بھی نظم، آزاد نظم اور نثری نظم کا راستہ نکال لیا ہے۔ اس کے برعکس اردو کے عظیم ناول نگار اور نقاد شمس الرحمن فاروقی کا الگ خیال ہے۔ وہ کہتے ہیں کہ کم الفاظ میں اپنی بات کہنے کی جو صلاحیت شاعری میں موجود ہے۔ وہ فکشن میں دستیاب نہیں ہے۔ 'افسانے اور ناول کا وجود اتنا پر قوت نہیں ہے جتنا شاعری کا ہے۔

(افسانے کی حمایت میں از شمس الرحمن فاروقی ص:۱۵ شہرزاد کراچی ۲۰۰۴)

موسیٰ مجروح کے افسانوں میں اسی طرح کی گہرائی محسوس کی جاسکتی ہے۔ ان کے افسانوں میں شاعری کے نقوش نظر آتے ہیں۔ جیسا کہ فاروقی نے کئی چاند تھے سر آسماں کی نثر کے ساتھ کیا ہے۔

موسیٰ مجروح کی بیشتر کہانیوں کے پلاٹ ان کے ذاتی تجربات پر مبنی ہیں۔ ان کے پلاٹ ان کے آنگن میں پنپتے ہیں اور ان کے ذہن میں ایک درخت کی طرح نشو ونما حاصل کرتے ہیں۔ پھر وہ کاغذ پر روشنائی کے ذریعے بکھرے نظر آتے ہیں۔ میں یہ نہیں کہہ سکتا کہ یہ واردات قلبی صرف موسیٰ کے ساتھ وقوع پذیر ہوتی ہوگی۔ موسیٰ ان سے الگ اس لیے ہیں کہ ان کی کہانیوں میں ان کے تجربات کا جس گہرائی سے اظہار ہوتا ہے، اس سے اندازہ لگانا مشکل نہیں ہے کہ وہ کس کرب سے گزر کر ایک کہانی کی تخلیق کرتے رہے ہوں گے۔ جب انھوں نے دیکھا کہ ان کا چھوٹا بھائی جسے انھوں نے تعلیم و تربیت دی، ایک ہی شہر میں رہتے ہوئے بھی روز ان کی کھڑکی سے گزر جاتا ہے اور ان کی طرف متوجہ نہیں ہوتا ہے۔ ان کی بیماری اور اقتصادی مشکلات سے بھی چشم پوشی کرتا ہے۔ ان کے چھوٹے چھوٹے بچوں تک کو بھی وہ دیکھ کر نظر انداز کرتا تو ان کی حس پھڑک جاتی ہے۔ ایسے میں وہ نا ختم ہونے والے کرب میں مبتلا ہو جاتے ہیں۔ انھوں نے اس کرب کو ایک خوبصورت کہانی کی شکل میں ڈھال دیا جس کے بعد 'کھڑکی' کہانی وجود میں آئی۔ کھڑکی افسانہ نگار کی ذاتی کہانی معلوم ہوتی ہے۔ اتفاق سے اس کہانی کا اہم کردار سلطانہ اور بچوں کے نام بھی افسانہ نگار کے اپنے بچوں کے نام پر رکھے گئے ہیں۔ 'وہ مجھ سے ملنے نہیں آتا مجھے دیکھنے بھی نہیں آتا لیکن میرے لیے یہ بہت طمانیت کا باعث ہے کہ چارپائی پر پڑے پڑے اپنی کھڑکی سے دو بار اسے اسکوٹر سے آتے جاتے دیکھ لیتا ہوں۔

(پل صراط ص ۱۸۱)

یہ کہانی کا کلائمکس ہے جس میں افسانہ نگار نے اپنے کرب کو انتہائی اطمینان کے ساتھ ظاہر کیا ہے۔ اس کے اظہار میں بے بسی نہیں ہے۔

ریلوے اسٹیشن کے پل کے نیچے ٹرین سے کٹی ہوئی ایک لاش افسانہ نگار کو اپنی طرف کھینچتی ہے۔ لاش کے اعضا چاروں طرف بکھرے ہوئے ہیں۔ ایسا ظاہر ہو رہا ہے کہ اس کی آنکھیں زندہ ہیں اور کسی کی متلاشی ہیں۔ یہ مخدوش لاش اس حساس افسانہ نگار کے ذہن سے ایسے چپک کر رہ جاتی ہے جیسے وہ اسے سالوں سے جانتا ہو۔ واقعی وہ اس کے دوست صدیقی کی لاش تھی۔ صدیقی کی لاش کی وہ زندہ آنکھیں افسانہ نگار کا اس وقت تک تعاقب کرتی ہیں جب تک وہ ایک کہانی کا پلاٹ تیار نہیں کر لیتا۔ آنکھیں ان کے افسانوی مجموعہ 'پل صراط' میں شامل ہے۔ "اس کی بکھری ہوئی لاش میری نگاہوں کے سامنے تھی۔ در جنوں گدھ اور کتے اس کی مزید صفائی میں منہمک تھے۔ ویران اور اداس آنکھیں خلاف توقع محفوظ اور کھلی ہوئی تھیں۔ (پل صراط ص ۵۹)

خودکشی کی اس دلخراش واردات کو ریلوے اسٹیشن پر سیکڑوں لوگوں نے دیکھا ہوگا مگر اس کا کرب محسوس کیا موسیٰ نے، جو ایک سچے افسانہ نگار ہیں۔ ایسا نہیں کہ خودکشی کی واردات اس کے بعد نہیں ہوئی۔ آج بھی ہوتی ہوگی۔ ہو سکتا ہے کہ آنکھیں سے اچھی کہانی بھی لکھی گئی ہو، مگر آنکھیں نے اس واقعے کی ایک الگ مگر امٹ چھاپ چھوڑی ہے۔ اقتصادی بدحالی کا شکار اور بیماری سے ٹوٹ چکے صدیقی کے لیے اپنی بیوی کے سامنے منہ دکھانا مشکل ہو گیا تھا۔ "خودکشی سے قبل صدیقی نے مصنف کے سامنے اعتراف کیا کہ میں ریل کی پٹری سے اٹھ کر آ رہا ہوں۔ ڈیڑھ گھنٹے تک سٹی اسٹیشن کے پل پر سویا رہا کمبخت کوئی ٹرین ہی نہیں آئی۔ صدیقی خودکشی کرنے کے اپنے ارادے کو بہت فطری

انداز میں بیان کرتا ہے۔ 'اسے اپنی کم مائیگی اور کم نصیبی کا احساس تھا'۔ (پل صراط ص٦٩)

افسانہ نگار نے اس واقعے کو یوں قبول کیا جیسے کفن میں گھیسو اور مادھو کے آلو کھانے کے معمولی سے واقعہ کو پریم چند نے قبول کیا تھا۔ اس خودکشی کے واقعے نے گرد و پیش کے کوائف پر مبنی ایک پر تاثیر اور دردناک کہانی کو جنم دیا۔

اردو کے اس مشہور و معروف شاعر و افسانہ نگار محمد موسیٰ خان موسوم بہ موسیٰ مجروح کا جنم دیوریا کے سلیم پور علاقے کے گاؤں اورنگ آباد میں ١٩٣٦ ہوا تھا۔ ابتدائی تعلیم سلیم پور ہی میں ہوئی تھی۔ انٹرنس کرنے اسلامیہ کالج گورکھپور چلے گئے۔ پھر الہ آباد یونیورسٹی سے بی کام کی ڈگری حاصل کرنے کے بعد بہ مشکل بیس سال کی عمر میں موسیٰ کو بلاک ڈیولپمنٹ آفس میں نوکری مل گئی۔ اس کام کے ساتھ ان کا ذہن ہم آہنگ نہیں ہو پا رہا تھا۔ اس لیے وہ ایک سال کے اندر گورکھپور ریلوے میں اکاونٹینٹ ہو کر چلے گئے۔ گورکھپور کی وسیع فضا ان کے مزاج سے مطابقت رکھتی تھی۔ ادب سے ان کا ذہنی لگاؤ پہلے سے ہی تھا۔ گورکھپور کی ادبی فضا میں بسی توانائی نے اس میں مزید جلاء بخشی۔ ان کا ادبی ذوق بیدار ہو گیا۔ انھوں نے وہاں ایک بار پھر پڑھنا لکھنا شروع کر دیا۔ اردو سے ایم اے کرنے کے بعد ان کی تقرری رتن سین بانسی ڈگری کالج میں بطور لکچرار ہو گئی۔ زندگی کے اسی موڑ پر موسیٰ مجروح نے محمد موسیٰ خاں کا کینچل اتار پھینکا اور پھر اس ادبی سفر میں نکل کھڑے ہوئے جو انھیں بہت دور تک لے جانے والا تھا۔ انھوں نے اس سفر میں چلتے ہوئے کبھی پیچھے مڑ کر نہیں دیکھا۔ محمد موسیٰ خاں سے موسیٰ مجروح تک کا نصف صدی کا سفر دلچسپ بھی ہے اور صبر آزما بھی۔ اس سفر میں کئی ایسے مقام آئے جہاں نامساعد حالات میں بھی حوصلہ مندی اور ثابت قدمی نے انھیں آگے بڑھتے رہنے

کا موقع فراہم کیا۔ ان کے تجربات اور مشاہدات نے ان کے دماغ کو ہر موڑ پر نئی اور انوکھی کہانیوں سے روشناس کرایا۔ ان کی دلچسپ شیریں بیانی نے انھیں نثر میں شاعری کرنے کا ہنر بخشا، جسے انھوں نے بہت حسن وخوبی سے ادا کیا۔ حالانکہ موسیٰ کا دعوا ہے کہ وہ نثر میں شاعری نہیں کرتے ان کا کہنا ہے کہ میں موضوع کی اولیت اور اس کی خوبصورت پیش کش پر جان چھڑکتا ہوں۔ یہ بات درست ہے کہ جب تک ادیب کی شخصیت میں رومانی پیچ وخم نہ ہوں خالص تخیلات کی پرواز کے سہارے دماغ میں ارتعاش پیدا کرنے والی کہانیاں وجود میں نہیں آتیں۔

مگر موسیٰ کی کہانی 'معاوضہ' پڑھنے سے ظاہر ہوتا ہے کی ان کی شخصیت میں کتنا پیچ و خم ہے۔ معاوضہ متعصبانہ حالات حاضرہ کی زبردست عکاسی کرتی ہے۔ اس کہانی کے خالق کو خالص رومانی کہانی کار کہہ کر رد نہیں کیا جاسکتا ہے۔ ان کے بیشتر افسانے اپنے اندر گہری معنویت پوشیدہ رکھنے کے علاوہ سماجی تانے بانے کے الجھاؤ سے تعلق رکھتے ہیں، اسی سروکار سے تعلق رکھنے کے لیے چار دہائی قبل جل گاؤں شہر میں ہوئے فسادات کی شاندار عکاسی کے لیے افسانہ معاوضہ کو یاد رکھا جائے گا۔ اس کی مرکزی کردار ہاجرہ بیگم کی دشواریاں فسادات میں تباہ ایک متوسط طبقے کے مظلوم خاندان کی کہانی بیان کرتی ہے۔ ایک دن ایک عورت افسران کے سامنے گڑگڑا رہی تھی۔

میں بیوہ ہوں۔
بیکس ہوں۔ میں لٹ گئی میں برباد ہو گئی
مگر اس کی بات کوئی سننے والا نہیں تھا
(پل صراط ص ۱۵۲)

دنگے میں کیسے سب کچھ تباہ ہو جاتا ہے یہ افسانہ اس کی سچی عکاسی کرتا ہے۔ '(پل

صراط ص ۱۵۷)

معاوضہ اس ماں کی دردناک کہانی ہے جس کا فساد میں سب کچھ لٹ جاتا ہے اور معاوضہ کے لیے وہ افسران کے آگے گڑگڑاتی پھر رہی ہے۔ یہ فسادات کے موضوع پر ایک زندہ کہانی ہے۔ کہانی کا کلائمکس بہت دردناک ہے۔ جب وہ معاوضے کے دفتر میں اپنے کاغذات لے کر جاتی ہے۔ کار میں بیٹھا ہوا ایک آدمی اسے بھکاری سمجھ کر سو روپئے دے کر آگے بڑھ جاتا ہے۔

پل صراط میں شامل افسانوں کا سماجی اور معاشیاتی مشاہدہ کرنے پر ایسا معلوم ہوتا ہے کہ سارے کردار کسی نہ کسی سنگین مسئلے سے دوچار ہیں۔ ایسے مسائل جس سے متوسط طبقہ نبرد آزما ہونا چاہتا ہے۔ مگر اس سے فرار ممکن نہیں ہے۔ ان میں رومان پسندی اور حقیقت نگاری کا ایک سا ذائقہ محسوس ہوتا ہے۔ مثال کے طور پر ان کا افسانہ کانٹے جسے رومان پسندی کا نمائندہ کہا جا سکتا ہے۔ یہ بالکل رومانی کہانی ہے۔ دوستی اور محبت کی کہانی کانٹے کو علامت کے طور پر پیش کیا گیا ہے۔

انھیں سے پھول ملے تھے انھیں دعائیں دو
جو آج لائے ہیں کانٹے چھپا کے دامن میں

التجا اور پل صراط تک تمام افسانے رومانیت کے ساتھ نفسیاتی مسائل کے بھی عکاس ہیں۔ ان افسانوں کو رومانی کہنے کے لیے ہمارے پاس ایک وجہ اور بھی ہے اور وہ ہے کہ موسیٰ کی زبان نہات شیریں ہے۔ ان کی نثر جیسا کہ پہلے کہا جا چکا ہے اتنی شیریں اور رومانی ہے کہ ظاہری طور پر تلخ افسانے بھی رومانی نظر آتے ہیں۔ نثر میں شاعری کرنے کے تعلق سے کرشن چندر کے بارے میں جو بات کہی جاتی ہے وہ موسیٰ مجروح کے بارے میں صادق آتی ہے۔ ماہ نامہ 'بیسویں صدی' میں مسلسل شائع ہونے والے موسیٰ مجروح کے

رومانی افسانے کانٹے، ادھورا مجسمہ، خوبصورت ہاتھ، سنگ میل اور منزل اور التجا کو اس دعوے کی دلیل کے طور پر پیش کیا جا سکتا ہے۔ پل صراط خود ایک رومانی کہانی ہے۔ حالانکہ موسیٰ کی ہر کہانی ایک پل صراط ہے۔ مگر پل صراط کی بات ہی کچھ اور ہے۔ 'اس وقت واقعتاً وہ پتھر کا ایک شاہکار معلوم ہو رہی تھی۔'

(پل صراط ص ۱۳۷)

یہ ایک نوجوان لڑکی سے لڑکے کی ملاقات شادی سے پہلے بھی ہوتی رہی ہے۔ اس نے کئی بار شادی سے قبل اس کا بوسہ لینا چاہا مگر لڑکی نے منع کر دیا۔ شادی کے بعد وہ ضد کرنے لگتا ہے کہ کیا یہ ہونٹ واقعی کنوارے ہیں۔ 'میں اس پر دیوانہ وار جھکتا چلا گیا۔ سرخ غرارہ جمپر اور مقیش لگی ہوئی اوڑھنی میں میرے دیرینہ خوابوں کی تعبیر چھپی ہوئی تھی۔ (پل صراط ص ۱۳۹)

قسم کھاؤ کیا ان ہونٹوں کو پہلے کسی نے نہیں چھوا ہے۔ جب اس کی ضد بڑھتی گئی تو لڑکی نے کہا کہ دونوں یہ قسم کھائیں تو وہ دھڑام سے زمین پر گر پڑا۔ دراصل موسیٰ کی رومان پسندی مکمل طور پر انسانی مسائل کی رومانیت ہے۔ وہ رومانیت کو بھی مسائل میں ممیز کرتے نظر آتے ہیں۔ ان مسائل پر ان کی گرفت اس قدر مضبوط ہے کہ اس کی تاثیر ہی ان کے افسانوں کو دھاردار بنا کر پیش کرتی ہے۔ شاید یہی وجہ ہے کہ جب قاری ان کے افسانے پڑھتا ہے تو اسے ہر افسانے میں ایک نئے پل صراط سے گزرنا پڑتا ہے۔

پل صراط میں کل ۱۲ کہانیاں شامل ہیں۔ اس کی پہلی کہانی 'سنگ میل اور منزل' بہت دلچسپ ہے۔ اس کہانی میں نئی نویلی دلہن سسرال میں اپنے شوہر کا البم دیکھتی ہے اور اس میں لگائی گئی ایک درجن لڑکیوں کی تصویریں اس کے سامنے گھوم جاتی ہیں۔ وہ ان کے متعلق اپنے شوہر سے دریافت کرتی ہے۔ شیامالی، فریدہ، صبا، شمع نرگس وغیرہ۔ الہ

آباد کی شیاما لی جو پہاڑ کی رہنے والی تھی۔ اس کے ساتھ یونیورسٹی میں پڑھتی تھی۔ لکھنؤ کی رہنے والی فریدہ جو پاک دامن لڑکی تھی بالکل گنگا جل کی طرح پاکیزہ۔ افسانہ نگار البم میں لگے سبھی لڑکیوں کا حسین اور دلچسپ تعارف کراتا ہے۔ ان کے حسین چہرے لباس اور خاندانی حالات تک۔ مگر وہ آخر میں بڑی صاف گوئی سے کہتا ہے کہ یہ سب سنگ منزل تھیں اور تم منزل ہو۔ اپنے شوہر کا بے باک جواب سن کر نئی نویلی دلہن کے چہرے پر تبسم رقص کرنے لگتا ہے۔ اس کہانی کو پڑھتے ہوئے مجھے جوش کی خودنوشت 'یادوں کی بارات' کی یاد آگئی۔ جس میں جوش صاحب نے بھی بہت بے باکی سے اپنے معاشقے کا ذکر کیا ہے۔

'وہ بڈھا' ہجرت کے کرب کی کہانی ہے۔ ایک بڈھا اپنے گاؤں اپنے باغ اور اپنی کوٹھی کو پکڑے بیٹھا رہتا ہے۔ آزادی کے بعد تعلیم یافتہ گھرانوں میں جو ہجرت کی وبا چلی تو پورا گھر تباہ ہو گیا۔ اس بڈھے کی ساری اولادیں یہاں تک کہ اس کی بیوی بھی پاکستان چلی گئی۔ وہ اکیلے رہ جاتا ہے۔ اپنے بچوں سے کہتا ہے کہ اپنی جائداد فروخت کرنے کے بعد ہی پاکستان جائے گا۔ مگر وہ اپنی جائداد فروخت کرنے کے بعد بھی اپنا گاؤں نہیں چھوڑ پاتا۔ جب اس کا گھر بک جاتا ہے تو وہ لایعنی طور پر گاؤں میں گھومتا رہتا ہے۔ کئی دردناک کہانیوں میں رینگتا ہوا آدمی جو ۱۹۸۰ میں لکھی گئی تھی بہت اہم ہے۔ ریلوے اسٹیشن پر جوتے پر پالش کرنے والے ایک بوڑھے کی کہانی جس کے چار لڑکے اور چار لڑکیاں ہیں۔ اس کے بعد بھی وہ تنہا ہے اور پیٹ پالنے کے لیے جوتے پر پالش کرتا پھرتا ہے۔ اس کے بچے اپنے اپنے گھونسلے میں نئے چوزوں کو پال رہے ہیں اور اس گدھ کو بھول چکے ہیں جس نے اپنا پیٹ کاٹ کر ان کی پرورش کی تھی۔ اب ان کے دنیا میں رہتے ہوئے بھی وہ لوگوں کے جوتے پر پالش کر کے اپنا پیٹ پال رہا ہے۔ آج اس موضوع پر کئی کہانیاں

اور ناول لکھے جا چکے ہیں، مگر اس وقت موسیٰ کی کہانی میں نیا پن تھا۔ پل صراط پڑھنے کے بعد ظاہر ہوتا ہے کہ موسیٰ نے علامہ خیر بہوروی کی 'دو لائن صحیح لکھنے والی بات' کو غلط ثابت کر دیا۔ جب ایک کامیاب غزل گو نثر کی طرف راغب ہوتا ہے تو شاعری کی ساری لطافت نزاکت اور دلکشی اس کے بیانیہ میں سمٹ آتی ہیں۔ بیانیہ کی یہ خوبیاں موسیٰ مجروح کے افسانوں میں بدرجۂ اتم موجود ہیں۔

※ ※ ※

ابن کنول کی افسانہ نگاری

عزیر احمد

پروفیسر ابن کنول کے لیے 'تھے' کا لفظ استعمال کرتے ہوئے کلیجہ منہ کو آتا ہے لیکن اللہ کی مرضی کے آگے انسان بے بس ہے۔ ابن کنول کو خراج عقیدت پیش کرنے کا بہترین طریقہ یہ ہے کہ ان کی تخلیقات کا مطالعہ کیا جائے اور غیر جانب دارانہ طور پر ان کی ادبی قدر و قیمت متعین کی جائے۔ ابن کنول ہمہ جہت شخصیت کے مالک تھے۔ افسانہ، ڈرامہ، خاکہ، انشائیہ، تنقید اور تحقیق ہر میدان میں انھوں نے اپنی صلاحیتوں کا لوہا منوایا۔ ان کی ادبی شناخت داستانوں کے پارکھ اور افسانہ نگار کی ہے۔ داستان ان کا پسندیدہ موضوع تھا۔ داستانوں کی جمالیات پر ان کی نظر تھی۔ ان کی افسانہ نگاری بھی داستانوں کے اثرات سے خالی نہیں ہے۔ ابن کنول کے افسانوں کی ایک بڑی تعداد ایسی ہے جو زبان و بیان اور اسلوب کے لحاظ سے داستانوی رنگ و آہنگ کی حامل ہے مثلاً صرف ایک شب کا فاصلہ، ایک ہی راستہ، شام ہونے سے پہلے، ہار کسی کی، جیت کسی کی ہمارا تمہارا خدا بادشاہ، وارث، پہلا آدمی، خوف وغیرہ افسانے۔ پروفیسر عبدالحق نے ابن کنول کے افسانوں کی تین خصوصیات شمار کرائی ہیں "اقدار کی ارجمندی، قصہ پن اور اساطیری اسالیب بیان۔" یہ تینوں خصوصیات دراصل ابن کنول کے افسانوں کے موضوعات اور اسلوب دونوں کا احاطہ کرتی ہیں۔ ابن کنول کے افسانوں کا موضوع ابن آدم کی سرکشی کی

روداد ہے۔ یہ سرکشی سرمایہ دارانہ نظام کے جبر و استحصال کی شکل میں ہو یا زمیندارانہ نظام کی شکل میں۔ لال فیتہ شاہی کی شکل میں ہو یا گندی استحصالی سیاست کی شکل میں ابن کنول نے اپنے افسانوں کے ذریعے اس کے خلاف آواز بلند کی۔ ان کے افسانوں میں سماج کے نچلے اور دبے کچے طبقے کے لیے ہمدردی واضح طور پر دیکھی جاسکتی ہے۔ وہ اس بات پر دکھی ہوتے ہیں کہ فائیو اسٹار ہوٹل بنانے والا مزدور خود اس ہوٹل میں کیوں نہیں داخل ہو سکتا ہے۔ 'فورتھ کلاس' کے 'بکسو' کا دماغ یہ سمجھنے سے قاصر ہوتا ہے کہ کل تک اس سے میٹھی میٹھی باتیں کرنے والا مالک ہوٹل بننے کے بعد اس کو پہچاننے سے کیوں منع کر رہا ہے۔ 'اشرف المخلوقات' میں انھوں نے غربت و افلاس کا ایسا نقشہ کھینچا ہے کہ حیات اللہ انصاری کے افسانہ 'آخری کوشش' اور منشی پریم چند کے کفن کی یاد تازہ ہو جاتی ہے۔ فقیر اچاہ کر بھی بڑھیا کو بچا نہیں پاتا اس لیے کہ اس کے پاس اس کو کھلانے کے لیے اور نہ ہی دوا کے لیے کچھ پیسے ہیں۔ مرنے کے بعد کفن دفن کی رسم پر خرچ کرنے والے تو بہت مل جاتے ہیں لیکن زندوں پر خرچ کرنے کو کوئی تیار نہیں ہوتا۔ ابن کنول کو نچلے طبقوں کی زبان اور ان کی نفسیات پر گہری نظر ہے۔ 'اشرف المخلوقات' میں بھیک مانگنے والوں کے مکالمے ملاحظہ فرمائیں:

"ارے بھیا دنیا جیسے جیسے جا رہی ہے، آدمی کنجوس ہو رہے ہیں۔ پہلے زمانے میں لوگ بڑے دل والے ہوتے تھے۔ نہ کھلانے میں کنجوسی نہ دینے میں۔"

"اور کیا سادی بارہ ہو، پھاتحہ درود ہو، سیکڑوں بھائی بند کھا آتے تھے۔ کوئی ٹوکنے والا بھی نہ تھا، آج کل تو گھسنے بھی نہیں دیتے۔"

"یہ پینٹ پتلون والے بڑی محنت کرواتے ہیں، بڑی مشکل سے پانچ پیسے نکالتے ہیں۔ سگریٹ سنیما میں دسیوں روپے لٹا دیتے ہیں۔"

"آجکل چچمن کے یاں کے ٹھرے میں نسہ نہیں آریا۔"

"سالا پانی بہت ملاتا ہے۔" (اشرف المخلوقات)

ابن کنول نے ہندوستان کے دیہی اور شہری دونوں علاقوں کو دیکھا ہے۔ ان کی نظر دونوں آبادیوں کے مسائل پر ہے۔ 'سراب' گاؤں سے شہر کی طرف ہجرت اور شہروں میں ان مہاجر مزدوروں کی کسمپرسی کی ایسی روداد ہے جو قاری کو بہت کچھ سوچنے پر مجبور کرتی ہے۔ گاؤں سے شہر میں آکر سڑک کنارے خوانچہ لگا کر، رات میں فٹ پاتھ پر سو کر زندگی گزارنے والا رام چرن گاؤں والوں کے سامنے جھوٹی شان دکھا کر ان کے دل میں شہر کا شوق پیدا کر دیتا ہے۔ اس کے دکھاوٹی رہن سہن کو دیکھ کر گھر والوں کو بتائے بغیر گھنشیام شہر چلا آتا ہے۔ یہاں آکر اس کو شہر کی حقیقت کا علم ہوتا ہے۔ افسانے کا ایک اقتباس ملاحظہ کریں:

"رات ہوئی تو رام چرن نے اپنا سامان ایک دکان میں رکھا اور گھنشیام کے ساتھ کھانا کھایا۔ جب رات کے ساتھ ساتھ سردی بھی بڑھنے لگی تو گھنشیام بولا۔ "بھیّا! گھر ناہیں چلو گے؟"

رام چرن نے اس کی معصومیت پر ہنستے ہوئے کہا۔

"ابے کیسا گھر؟ پوری دہلی اپنا گھر ہے۔ چاہے جہاں رہو۔"

گھنشیام نے رام چرن کو دیکھا لیکن کچھ کہا نہیں۔ جب سب بازار بند ہو گیا۔ اور فٹ پاتھ پر سونے والے اپنی جگہوں پر پہنچ گئے۔ رام چرن بھی اپنی جگہ پر پہنچا۔ جگہ کو جھاڑ کر چادر بچھائی۔ گھنشیام سے بیٹھنے کو کہا۔ وہ بیٹھ گیا۔ گھنشیام اپنے ساتھ ایک چادر لایا تھا۔ رام چرن نے کھیس اور چادر کو ملا لیا اور دونوں اوڑھ کر لیٹ گئے۔ گھنشیام میں کچھ کہنے کی ہمت نہیں ہو رہی تھی۔ جاڑوں کی رات جب نقطۂ عروج پر پہنچی تو گھنشیام ٹھنڈ کی وجہ سے

سکڑنے لگا۔ لیکن رام چرن بڑے آرام سے سو رہا تھا، جیسے اسے سردی کا احساس ہی نہ ہو۔ سردی جب ناقابل برداشت ہوئی تو گھنشیام منمنایا "بھیّا! بھیّا!"

"کا بات ہے؟"

"ٹھنڈ لاگت ہے"

"ابے سوجا یہاں لحاف کہاں رکھا ہے۔ دیکھ اسے دیکھ ایک چادر ہی اوڑھ رکھی ہے اور کتنے آرام سے سو رہا ہے۔ اور وہ دیکھ اس کے پاس چادر بھی نہیں۔ لے سنبھال کے اوڑھ لے۔" (سراب)

اس کو یہاں آکر معلوم ہوتا ہے کہ یہاں فٹ پاتھ پر سردی کے دنوں میں بھی بغیر لحاف کے رات گزارنی ہوتی ہے۔ بسوں میں جان پر کھیل کر سفر کیا جاتا ہے۔ گھنشیام یہ سوچنے پر مجبور ہو جاتا ہے کہ شہر کی چکاچوند صرف سراب ہے۔ اس لیے وہ دوسرے دن کی گاڑی پکڑ کر گاؤں چلا جاتا ہے۔

شہری زندگی میں رہائش ایک اہم مسئلہ ہے۔ ابن کنول کا افسانہ 'سویٹ ہوم' اسی مسئلے پر لکھا گیا ان کا ایک عمدہ افسانہ ہے۔ اس افسانے میں ابن کنول نے بتایا ہے کہ یہاں کرایے کے مکان میں رہنے والے تو مالک مکان کے برتاؤ سے پریشان ہوتے ہی ہیں اگر کوئی اپنی جمع پونجی سے گھر بنا لے تو بھی اس کی کوئی ضمانت نہیں کہ اس کے سبھی مسائل حل ہو گئے۔ شوکت کو جب معلوم ہوا کہ انھوں نے جہاں گھر بنایا ہے اس بستی کو سرکار توڑنے جا رہی ہے کیونکہ وہ سرکاری زمین ہے جس کو بلڈر نے دھوکے سے لوگوں کو بیچ دیا ہے۔ شہروں کی کچی آبادیوں میں گھروں کو توڑنا اور ان کے مکینوں کو بے گھر کرنا ایک عام بات ہے۔ اس سے ان میں رہنے والوں پر کیا گزرتی ہے اس کی روداد ابن کنول کا یہ افسانہ بیان کرتا ہے۔ ایک اقتباس ملاحظہ کریں:

"اسے اب اس سوئٹ ہوم کی دیواریں ہلتی ہوئی نظر آ رہی تھیں اور ان ہلتی ہوئی دیواروں کے بیچ جب وہ اپنے معصوم بچوں کو ایک بار پھر بے گھری کے عالم میں دیکھتا تو تڑپ اٹھتا تھا۔ ان بچوں نے اس گھر کے لیے کتنی قربانیاں دی تھیں، کھلونوں کے بجائے گھر کے لیے اینٹیں خریدی تھیں۔ اپنے آپ کو کھلونوں سے کھیلنے والے بچوں کی عمر سے بلند کرایا تھا اور اس معصوم بڑپن نے بازاروں میں بکتے ہوئے کھلونوں کی طرف سے منہ پھیر لیا تھا تاکہ انھیں سر چھپانے کے لیے اپنی چھت مل جائے۔"

(سویٹ ہوم)

'آنکھوں کی سوئیاں' میں شہروں میں قرض پر گھر لینے کے مسائل سے دوچار ہوتے ہیں۔ راوی اپنا مکان بنوانے کے باوجود اس میں جانے کے بجائے اس کو بیچ کر قرض چکانے میں عافیت محسوس کرتا ہے۔

ابن کنول کا قلم دیہات میں رہنے والے کسانوں کے لیے بھی دھڑکتا ہوا محسوس ہوتا ہے۔ 'کنیادان' اور 'غبار' ایسے مظلوم ولاچار کسانوں کی کہانی ہے جہاں انسانی جان کی کوئی وقعت نہیں رہ جاتی ہے۔ کسان قدرت کی ستم ظریفی اور حکومتی اہلکاروں کی بے حسی کا شکار ہوتے ہیں۔

جب بات دیہی زندگی کی آتی ہے تو زمیں دارانہ نظام کی طرف بھی ذہن متوجہ ہوتا ہے۔ ابن کنول نے زمیں دارانہ نظام پر بھی افسانے لکھے ہیں لیکن اردو کے روایتی افسانہ نگاروں سے ہٹ کر انھوں نے یہاں بھی انسان دوستی کا ثبوت دیتے ہوئے دونوں پہلوؤں کو سامنے رکھا ہے۔ جہاں ایک طرف 'کچے گھڑے' کا شمیم ہے جو یہ مانتا ہے کہ کسان محنت کے لیے ہی پیدا ہوئے اس لیے اگر ان کو سزا دی جائے تو حرج نہیں۔ وہ اپنے دادا کے ذریعے ایک کسان کے گھوڑے کو حاصل کرنے کے لیے اس کے قتل کرنے کو فخریہ

بیان کرتا ہے وہیں دوسری طرف 'واپسی' کے چودھری ریاست علی ہیں "ان کے یہاں سیکڑوں بھوکے اپنا خالی پیٹ بھرتے تھے۔ نہ جانے کتنی یتیم لڑکیوں کی ڈولیاں ان کی دہلیز سے اٹھ کر سسرال چلی گئی تھیں۔ ریاست علی کی فراخ دلی کے چرچے دور دور تک ہوتے تھے۔" (واپسی)

واپسی افسانہ زمین داری کے زوال کے بعد زمین داروں پر کیا گزری اس کی ایسی کرب ناک داستان ہے جس کو عموماً مکافات عمل سمجھ کر نظر انداز کر دیا جاتا ہے۔

فرقہ وارانہ فسادات پر اردو کے اکثر افسانہ نگاروں نے قلم اٹھایا ہے۔ ابن کنول نے اپنے افسانوں میں کسی ایک فریق کی حمایت کرنے کے بجائے انسانیت کی موت پر ماتم کیا ہے۔ ابن کنول کے افسانے ایک ہی راستہ، تیسری لاش، خانہ بدوش، خدشہ، مٹی کی گڑیا، ایک گھر کی کہانی، سفر اور ابن آدم ایسے افسانے ہیں جس میں ابن کنول نے فسادات اور اس کے نتیجے میں انسانیت کو پہنچنے والے نقصانات کا بیان کیا ہے۔ ابن کنول کا افسانہ 'خدشہ' فسادات پر لکھا گیا ایک عمدہ افسانہ ہے۔ اس افسانے کے ذریعے ابن کنول نے یہ بتانے کی کوشش کی ہے کہ حالات کو خراب کرنے والے دونوں طرف ہوتے ہیں۔ یہ احمد گڑھ کی کہانی ہے جہاں لال چوک پر محرم کے دشہرے کے میلے اپنے اپنے وقت پر لگتے تھے اور دونوں ایک دوسرے کے میلے میں شرکت کرتے تھے۔ اتفاق سے ایک سال محرم اور دشہرہ ایک ہی ساتھ پڑ گیا۔ دونوں نے اس کو انا کا مسئلہ بنا لیا۔ کوئی اپنے جلوس کے وقت کو تبدیل کرنے پر راضی نہیں ہوا۔ نتیجہ یہ نکل کر سامنے آیا کہ

"یوم عاشورہ آگیا۔ رام کا وجے دوس آگیا، لیکن لال چوک خالی تھا، کسی سمت سے کوئی جلوس نہیں آیا۔ فوج کے دو ٹرک لاشوں کو لے کر ٹھیک اس وقت لال چوک میں پہنچے کہ جب تعزیوں کے دفنانے کی رسم ادا ہوتی ہے اور راون کے پتلے کو جلایا جاتا ہے۔

ایک ایک کر کے لاشوں کو اُتارا گیا اور فوج کی نگرانی میں ان افراد کی لاشوں کو دفنا دیا گیا کہ جنھیں تعزیوں کے دفنانے کی رسم ادا کرنی تھی اور ان لوگوں کی لاشوں کو نذر آتش کر دیا گیا کہ جنھیں راون کو جلانا تھا۔ یوم عاشورہ اور یوم ہلاکت راون بہت پر سکون انداز میں گزر گیا۔ حاجی ابراہیم اور ٹھاکر جسونت سنگھ حسبِ روایت دیوان خانے میں بیٹھے شربت کا گلاس ہاتھ میں لیے اطمینان بخش لہجے میں یہ باتیں کر رہے تھے

"اب یہ مسئلہ کھڑا نہیں ہو گا ٹھاکر صاحب۔ اس لیے کہ آئندہ سال چاند دس دن پہلے دکھائی دے گا۔"

دروازے کے قریب کھڑا نوکر پاس آکر زمین پر بیٹھتے ہوئے بولا

"صاب جی مسلا کیسا؟ اب کی بار کے تہوار تو یادگار تہوار ہوئے۔"

حاجی ابراہیم اور ٹھاکر جسونت نے نوکر کو گھور کر دیکھا، وہ بولتا رہا

"ہاں صاحب جی، اب کی بار تو لوگ امام حسین کی طرح شہید ہوئے اور تعزیوں کی جگہ آدمی دفن ہوئے اور ہاں صاب جی لنکا کی طرح احمد گڑھ جلا۔ سچ مچ کا تہوار تو اب کی بار ہی ہوا۔"

حاجی ابراہیم اور ٹھاکر جسونت سنگھ ایک لفظ نہ بول سکے اور نوکر بولتا رہا۔" (خدشہ)

فسادات پر لکھے گئے افسانوں کے مطالعے سے معلوم ہوتا ہے کہ انھوں نے فسادات کے خونی واقعات کو براہ راست بیان کرنے کے بجائے اس کے نتیجے میں رونما ہونے والے خوف و ہراس کی کیفیت کو بیان کرنے پر توجہ دی ہے۔ ان فسادات کا حل ان کی نظر میں یہ ہے کہ سب مل جل کر اس دھرتی پر ایک ساتھ رہیں، کسی کے ساتھ کسی قسم کا بھید بھاؤ نہ ہو۔ ابن کنول کا مشہور افسانہ 'تیسری دنیا کے لوگ' کا یہ اقتباس

ملاحظہ فرمائیں جس میں فسادات کی قتل و غارت گری کی وجہ سے اپنے مستقبل سے مایوس ہو کر لوگ مشترکہ خودکشی کا فیصلہ کرتے ہیں۔ راستے میں انھیں ایک بزرگ ملتے ہیں اور انہیں اس بزدلانہ عمل سے روکتے ہیں

"تم نافہم ہو۔ تم چاہتے ہو کہ تمھارے بعد اور بستیاں جلیں اور تمھاری طرح ان بستیوں کے لوگ بھی خود کو سمندر کے حوالے کر دیں اور یہ سلسلہ چلتا رہے۔"

آخر تم چاہتے کیا ہو؟ اگر خدا ہماری مدد نہیں کرتا تو ہمارے فعل سے ہمیں روکتا کیوں ہے؟ ان کے غصے میں جھنجھلاہٹ پیدا ہو گئی تھی۔

"یہ زمینتم لوگوں کے لیے بنائی گئی لیکن تم نے اسے بانٹ لیا۔ تم نے اس زمین پر خونریزی کی، شر پھیلایا، کیا اب بھی تم خدا سے امید کرتے ہو کہ وہ تمھاری مدد کرے گا۔ اس نے تمھیں زمین پر خود مختار بنایا پھر وہ کیوں تمھاری مدد کرے۔"

"اپنے اسی اختیار کو استعمال کرتے ہوئے ہم خودکشی کر رہے ہیں۔"

"لیکن خودکشی کرنا زندگی سے فرار ہے اور زندگی سے فرار کم ہمتی اور بزدلی ہے۔ کیا تم بزدل ہو؟ پیر مرد نے استفسار کا۔"

"نہیں۔ لیکن ہم مجبور ہیں۔"

"مجبوری کم ہمتی کا دوسرا نام ہے۔ جاؤ اپنا حق مانگو، زمین تم سب کے لیے ہے۔"

"لیکن ہم تعداد میں کم ہیں اور بے یار و مددگار ہیں۔"

"کیا تم تین سو تیرہ سے زیادہ ہو۔ کیا تم تین سو تیرہ کی فتح کے بارے میں نہیں جانتے۔ (تیسری دنیا کے لوگ)

یہاں غور کرنے والی بات یہ ہے کہ ابن کنول نے بزرگ کی زبانی یہ نہیں کہا کہ تم مظلوم یا ظالم ہو۔ انھوں نے بغیر کسی جانب داری کے کہا کہ ملک میں امن امان قائم کرنے

کی ذمے داری سب کی ہے۔ زمین کو مذہب اور ذات کی بنیاد پر تقسیم کرنے کے ذمے دار سبھی ہیں خواہ مسلم ہوں یا غیر مسلم۔ انھوں نے اس افسانے کے ذریعے فسادات کا ایک مستقل حل پیش کیا ہے وہ یہ فرار کسی مسئلے کا حل نہیں ہے۔ اپنے حق کے لیے کھڑے ہو کر لڑنا ہی اس مسئلے کا پائیدار حل ہو سکتا ہے۔

ابن کنول نے اپنے ایک افسانہ نما مضمون 'میں کیوں لکھتا ہوں' میں اپنی افسانہ نگاری کے محرکات پر روشنی ڈالی ہے۔ وہ لکھتے ہیں

"اسلم میری اس بات پر ہنسا اور پوچھنے لگا"

"تم کہانیاں کیوں لکھتے ہو؟"

اس کے اِس سوال پر میں اسے غور سے دیکھا اور کہا "میں دنیا کو آئینہ دکھانا چاہتا ہوں دنیا جو بہت خوبصورت ہے لیکن آدمی کی شر پسندی نے اسے جہنم بنا دیا ہے"۔

"کیا تمھارے کہانیاں لکھنے سے دنیا جنّت بن جائے گی"

"نہیں۔ لیکن میں خود سے شرمندہ نہیں رہوں گا۔ اس لیے کہ میں برائی کو دیکھ کر خاموش نہیں ہوں۔ کسی نہ کسی طرح اس کا اظہار کرتا ہوں۔" (میں کیوں لکھتا ہوں)

ابن کنول کے زیادہ تر افسانے اخلاق کی انھیں اعلی قدروں کی تلقین کرتے نظر آتے ہیں جس کو انھوں نے خود اپنی زندگی میں برتا ہے۔ 'نیا درندہ' اور 'خوف' میں ابن کنول نے یہ بتانے کی کوشش کی ہے کہ انسان اپنی سرکشی کی وجہ سے اتنا خونخوار ہو گیا ہے کہ اب انسانوں کو درندوں سے زیادہ خود انسانوں سے ڈر لگنے لگا ہے۔ جھوٹے گڈریے کی کہانی ہمارے لوک ادب کا حصہ ہے۔ ابن کنول نے اسی کہانی سے اپنے افسانے 'نیا درندہ' کا خمیر تیار کیا ہے۔ افسانے کا اقتباس ملاحظہ کریں

"اپنے ساتھی بچّوں کو ڈراتے ڈراتے اس کی عادت سی بن گئی تھی، وہ ہر روز جنگل

سے گاؤں کی طرف یہ کہتا ہوا دوڑا چلا آتا تھا

"شیر آیا... شیر آیا۔"

وہ گڈریے کا لڑکا تھا اور اس نے گڈریے کے لڑکے کی کہانی سن رکھی تھی، جو برسوں سے سینہ بہ سینہ چلی آرہی تھی۔ وہ اپنی بکریوں کے ساتھ دن بھر جنگل میں رہتا تھا، جنگلی جانوروں کا خوف اس کے دل سے محو ہو چکا تھا۔ اُسے معلوم تھا کہ اب شیر کبھی نہیں آئے گا، سارے شیر بوڑھے ہو چکے ہیں یا چڑیا گھروں میں قید ہیں۔ لیکن پھر بھی وہ سب کو ڈرانا چاہتا تھا۔ اس کی آواز سن کر اکثر لوگ اس کا مذاق بناتے تھے ،وہ پھر بھی پر امید تھا کہ ایک نہ ایک دن ضرور کامیاب ہو گا۔ ایک مرتبہ اس کی آواز سن کر احمد حسین نے اپنے بچّوں سے کہا

"یہ لڑکا بھی پاگل ہو گیا۔ ایسے چلاّتا ہے جیسے شیر اس کے پیچھے چلا آرہا ہے۔ اب کہاں شیر؟ اب تو شیر کا بچّہ بھی دکھائی نہیں دیتا۔ شیر تو انگریز بہادر کے زمانے میں تھے۔" (نیا درندہ)

گڈریا پریشان تھا کہ آخر کوئی شیر، بھیڑیے اور لکڑ بگھے کے نام سے ڈرتا کیوں نہیں ہے؟ آخر اس کو ایک ترکیب سوجھی وہ پہاڑی سے چلاتے ہوئے گاؤں کی طرف بھاگا

"بھاگو... بھاگو... بلوائی آگئے... دنگائی آگئے... بھاگو۔"

اس کی یہ آواز جیسے ہی لوگوں کے کانوں سے ٹکرائی پورے گاؤں میں ہلچل مچ گئی۔ لوگ بے تحاشہ اپنے گھروں کی طرف بھاگنے لگے۔ پلک جھپکتے ہی گھروں کی کھڑکیاں اور دروازے بند ہو گئے۔ لوگ اپنی بہو، بیٹیوں اور بچوں کو محفوظ جگہوں پر چھپانے لگے۔ بازار بند ہو گئے۔ ذرا سی دیر میں چاروں طرف سنّاٹا ہو گیا۔ دہشت اور وحشت سڑکوں پر منڈلانے لگی۔ گڈریے کا لڑکا ایک گوشے میں خاموش کھڑا مسکرا رہا تھا۔" (نیا درندہ)

گویا کہ انسان اپنی درندگی میں اصلی درندوں سے بھی آگے نکل گیا ہے۔

ابن کنول کا پہلا مطبوعہ افسانہ 'اپنے ملے اجنبی کی طرح' ہے جو ۱۹۷۴ میں سکندر آباد سے نکلنے والے رسالہ 'آفتاب سحر' میں شائع ہوا تھا۔ علی گڑھ میں قاضی عبد الستار کی سرپرستی میں ان کا ادبی سفر شروع ہوا جو زندگی کے آخری مرحلے تک جاری رہا۔ انتظامی مشغولیت کی وجہ سے بعد میں انھوں نے افسانے کی طرف توجہ کم کر دی تھی۔ لیکن گاہے بگاہے وہ افسانے لکھا کرتے تھے۔ ابن کنول کے افسانے فنی لحاظ سے سیدھے سادے کرداروں پر مبنی اور قصہ پن سے بھر پور ہوا کرتے ہیں۔ ان کی پوری کوشش ہوتی تھی کہ افسانے کی ابتدا دلچسپ اور خاتمہ معنی خیز ہو۔ وہ اپنے ہر افسانے کے ذریعے کوئی نہ کوئی اہم پیغام قاری کو دینا چاہتے تھے۔ آج وہ ہمارے درمیان نہیں ہیں لیکن ان کی تخلیقات کی وجہ سے وہ ہمارے دلوں میں ہمیشہ زندہ رہیں گے۔

حوالہ جات

تیسری دنیا کے لوگ ابن کنول ۱۸۸۴

بند راستے ابن کنول ۲۰۰۰

ابن کنول بحیثیت افسانہ نگار عزیر احمد ۲۰۱۴

٭٭٭

سلمیٰ صنم کی افسانہ نگاری

ڈاکٹر عائشہ فرحین

اردو فکشن میں سلمیٰ صنم صاحبہ کا نام محتاج تعارف نہیں۔ ریاست کرناٹک کے شہر بنگلور سے تعلق رکھنے والی سلمیٰ صنم صاحبہ پیشہ سے لکچر رہیں۔ جو اردو ادب میں بحیثیت افسانہ نگار اپنے قلم کے جوہر دکھاتے ہوئے اہم شناخت بناچکی ہیں۔ موصوفہ فخر کرناٹک ہی نہیں فخر اردو فکشن ہیں۔ ان کے فن و شخصیت پر نہ صرف ملک کے مختلف جامعات میں تحقیقی کام ہوچکے ہیں بلکہ پاکستان کی جامعات میں بھی ان کے افسانوی فن پر تحقیقی مقالات لکھے جاچکے ہیں۔

ان کے افسانوں کا منفرد اسلوب اور موضوعات کا تنوع انھیں معاصرین میں منفرد مقام عطا کرتا ہے۔ انھوں نے زندگی کے تقریباً ہر شعبہ سے متعلق متنوع موضوعات کو اپنے افسانوں میں پیش کیا ہے۔ ان کے افسانے بے شک تانیثی نظریات سے مملو نہیں، لیکن بیشتر افسانوں کا موضوع عورت ہی ہے۔ لیکن ان کے یہاں عورت اپنے مختلف روپ اور رویوں کے ساتھ دکھائی دیتی ہے۔ یہ وہ عورت نہیں جو صدیوں پرانی روایتوں میں جکڑی، سمٹی ہوئی، بے بس و مجبور ہے، بلکہ یہ دور جدید کی باہمت، بااعتماد عورت ہے۔ یہ وہ عورت نہیں جو رسم ورواجوں، اندھے عقائد، مذہب، غیرت اور عزت کے نام پر اپنی ہستی کو مٹادے بلکہ یہ جدید دور کی جدید حقائق سے آگاہی رکھنے والی، اپنی

ہستی میں ڈوب کر سراغ پانے والی، مرد اساس معاشرے میں اپنے وجود کو منوانے والی، ظلم کے خلاف آواز اٹھانے والی، احتجاج کرنے والی بے باک، نڈر اور حوصلہ مند عورت ہے۔ جسے یہ احساس ہے کہ وہ بھی انسان ہے اور اسے بھی جینے کا اتنا ہی حق ہے جتنا ایک مرد کو ہے۔

سلمٰی صنم کے افسانوں کی ایک خوبی ان کے سادہ سلیس خوبصورت تشبیہات سے آراستہ زبان ہے جس میں ان کے منفرد بیانیہ نے چار چاند لگا دیے ہیں۔ ان کے افسانوں کا آغاز قارئین کو متوجہ کرنے والا تو انجام قاری کے ذہن میں سوچ کے نئے در وا کرتا ہے۔

سلمٰی صنم صاحبہ کے تین افسانوی مجموعے "طور پر گیا ہوا شخص"، "پت جھڑ کے لوگ" اور "پانچویں سمت" منظر عام پر آکر قارئین سے داد و تحسین وصول کر چکے ہیں۔ پیش نظر ان کا افسانوی مجموعہ "قطار میں کھڑے چہرے اور دیگر کہانیاں" میں شامل افسانوں کا فنی و موضوعاتی تجزیہ ہے۔ بیس افسانوں پر مشتمل اس مجموعہ کو موصوفہ نے اپنے والدین سے منسوب کیا ہے جس پر اردو فکشن کی مایہ ناز ہستی محترم نورالحسنین صاحب نے پسندیدگی کی سند اپنے مضمون "نئی فکر نئی اڑان" میں عطا کر دی ہے۔ اس کے علاوہ پروفیسر شوکت محمود شوکت اور شہاب ظفر اعظمی صاحبان نے زیر مطالعہ کتاب میں شامل افسانوں کا تجزیاتی مطالعہ کرتے ہوئے، سلمی صنم صاحبہ کے فن پر مختلف حوالوں سے سیر حاصل گفتگو کی ہے۔ کتاب کے بیک کور پر ماہرین فکشن کے توصیفی کلمات نے سلمٰی صنم صاحبہ کے فن کی اہمیت و افادیت کو مزید روشن کیا ہے۔ ان ماہرین میں قمر رئیس۔ دہلی، شموئل احمد۔ بہار، نسیم انجم۔ کراچی اور ناصر ناکاگوا۔ جاپان شامل ہیں۔

سلمٰی صنم صاحبہ کے افسانے عصر حاضر کے مسائل کا احاطہ کرتے ہیں۔ جس میں انسانی رشتوں کی بے حرمتی، تقدس کی پامالی، باشعور شہری کی تڑپ، عورتوں کی وفاشعاری

اور بے بسی سے باہمتی کے سفر کی داستان منفرد پیرائے میں رقم کی گئی ہے۔

عورت کی باہمتی کا سفر افسانے "آرگن بازار"، "کٹھ پتلی"، "پانچویں سمت" میں واضح نظر آتا ہے۔ایک عرصے تک صبر وشکر کرنے کے بعد بھی مرد کی بے وفائی، مفاد پرستی اور زور زبردستی سے تنگ آکر "آرگن بازار" کی ثمین "پانچویں سمت" کی رجنی اور "کٹھ پتلی" کی آسیہ ایک نئے جوش وجذبے سے اپنے وجود کو منواتی ہیں۔

ثمین، امیر کو اپنا گردہ دینے کے باوجود اس سے شادی سے انکار کر دیتی ہے۔ یہ انکار امیر کی مطلب پرستی، جہیز کے نام پر ثمین کے جسم کا حصہ خریدے جانے کے خلاف پرزور احتجاج کی صورت سامنے آیا ہے۔ وہ امیر کو دھتکار کر اپنے وجود کی اہمیت جتاتی ہے کہ وہ اتنی بے ضرر نہیں کہ شادی کے لیے اپنے جسم کا ایک عضو بیچ کر، عمر بھر اسی خود غرض مرد کی غلامی کرے، امیر جسے اپنے پیسوں پر زعم تھا، جس کے نزدیک ثمن کی حیثیت مخمل میں لگے ٹاٹ کے پیوند جیسی تھی۔ لیکن بدلے حالات نے امیر کو اسی ٹاٹ کے پیوند کو مستقل اپنے جسم کا حصہ بنانے پر مجبور کر دیا تھا۔ خدا نے اسی مفلس منگیتر کو اس کی جان بچانے والی بنا دیا۔ ثمن اپنے ہتک اور بے عزتی کا بدلہ امیر کو ریجیکٹ کر کے لیتی ہے۔ "آرگن بازار" افسانہ جہیز جیسی لعنت پر کڑا طنز تو ہے ہی لیکن ساتھ ہی انسانی رشتوں کا المیہ، غریبوں کی لاچاری وبے بسی، امیروں کی سفاکی کا بھی عکاس ہے۔

افسانہ دور جدید کے مادیت پرست انسانوں کے چہروں پر چڑھے رشتوں کی قلعی کھول دیتا ہے۔ افسانہ نگار نے ایک روایتی موضوع میں سائنسی ترقی، عضو کی پیوند کاری کے عمل کو شامل کرتے ہوئے جدت پیدا کر دی ہے۔ ایک زمانہ ایسا بھی آئے گا، جس میں باضابطہ "آرگن بازار" قائم ہو جائیں گے۔ لوگ اپنی دولت کے بل بوتے پر اپنا من پسند عضو بہ آسانی خرید لیں گے پھر چاہے اس بازار میں کتنے ہی دلہنوں کے ارمان جل کر

خاک کیوں نہ ہو جائیں لیکن کاروبار چلتا رہے گا۔ افسانے کے یہ جملے ثمن کی ذہنی کیفیت کے عکاس ہیں۔

"وہاں تو بس آگ ہی آگ تھی۔ شعلے دہکتے ہوئے، چنگاریاں سلگتی ہوئیں۔ وہ بے معنی انداز میں شعلوں کو گھورنے لگی۔ دفعتاً۔۔ اسے لگا بھڑکتے شعلے کسی پیکر میں ڈھل رہے ہیں۔ وہ ایک دلہن تھی سرخ جوڑے میں لپٹی جس کا ہیولیٰ انگاروں پر کانپ رہا تھا، مگر یہ کیا؟ ثمین کا ذہن بھک سے اڑ گیا۔ دلہن تو انسانی اعضا سے سجی ہوئی تھی۔"

افسانہ امیروں کا انسانی اعضا کی پیوند کاری کے عمل کے ساتھ جہیز کے نام پر ایک لڑکی کے ارمانوں کے قتل کی داستان بھی بیان کر رہا ہے۔ افسانے کی خوبی اس کا غیر متوقع انجام ہے۔ جو جہیز جیسی لعنت اور امیر جیسے مطلب پرست کے منہ پر زوردار طمانچہ ہے۔

سلمیٰ صنم کے افسانوں کی عورت وفا شعار، عجز و انکسار کا پیکر ہے۔ لیکن جب مرد کی چالاکی، ظلم، مفاد پرستی بڑھ جائے، پانی سر سے اونچا ہو جائے، برداشت کے آخری حد پار کر جائے تو پھر وہ سیتا سے کالی کا روپ بھی دھارن کرنے میں دیر نہیں کرتی۔

افسانہ "پانچویں سمت" کی رجنی صدیوں سے چلی آ رہی پرتھا "نیوگ" کے خلاف احتجاج کرتی ہے۔ وہ اپنی ماں بننے کی خواہش کو قربان کر اکیسویں صدی کی باہمت عورت بن کر مہاراج کے سامنے ڈٹ جاتی ہے۔ دور سے آتی بھجن کی آواز اسے اپنی اندر پوشیدہ پانچویں سمت کا پتہ دے جاتی ہے۔

افسانہ "کٹھ پتلی" سیدھی سادی زبان میں عورت کی کٹھ پتلی بننے کی داستان ہے۔ جس میں آسیہ ایک ماں اور بیوی کے روپ میں وفا شعار، صبر و شکر کا پیکر بنی اپنی تمام ذمہ داریوں کو "کٹھ پتلی" کی طرح انجام دے رہی ہے۔ آسیہ ایسی عورت ہے جو شوہر کے ہر

حکم کے آگے سر تسلیم خم کرتی ہے۔ یہاں تک کہ شوہر کے سیاسی کھیل کا ایک اہم مہرہ بنی تمام غلط کاموں کی معاون بھی بن جاتی ہے حالانکہ اس کے اندر کی عورت اسے ہمیشہ یہ احساس دلاتی ہے کہ:

"پندار کو ٹھیس لگتی ہے۔ انا کا ناگ پھن پھیلائے کھڑا ہو جاتا تو کون و مکان میں ایک ہلچل سی مچ جاتی۔۔ نہیں۔۔ آسیہ نہیں۔"

لیکن ہر بار بزرگوں کی ہدایت، نصیحت کہ "شوہر تو مجازی خدا ہے۔ اس کے آگے عورت کی انا۔۔۔۔بے معنی ہے۔"

بس پھر آسیہ کی انا بھی اپنے آپ مر جاتی۔ لیکن شوہر کی زیادتی اور بے وفائی پر آسیہ کا پر اعتماد مزاحمتی عمل سامنے آتا ہے۔

"نہیں آسیہ نہیں۔۔ تم اس puppet Show کی کٹھ پتلی نہیں۔"

یہ آج کی عورت کا وہ روپ ہے جسے اپنے وجود کی اہمیت کا احساس ہے۔ یہ احساس اس کے اندر ایک نئی آواز، نئی امید اور نیا اعتماد پیدا کرتا ہے۔

اکیسویں صدی کی عورت کا یہ اعتماد ہمیں "یخ لمحوں کا فیصلہ" کی ثانیہ کے پاس بھی نظر آتا ہے جو اپنی کوکھ میں سانس لیتی چوتھی ننھی کلی کے لیے ڈھال بن جاتی ہے۔ جسے اس کا باپ جدید ترین ٹکنالوجی کا سہارا لے کر قتل کرنا چاہتا تھا۔ لیکن ثانیہ ایک ماں بن کر لمحوں میں فیصلہ کر لیتی ہے کہ:

"تم گھبراؤ مت۔ شاید تمھارے ابو کو تمھاری وجہ سے جنت بدر کیے جانے کا خوف ہو لیکن میں تم سے خوفزدہ نہیں ہوں۔ تم تو میری جان ہو۔ میں تمام مخالفت کے باوجود تمھیں جنم دوں گی اور اس زمیں پر پروان چڑھنے کا حق بھی۔۔۔ اس کو لگا بچی نے خوشی سے ایک کلکاری ماری ہو۔ ثانیہ کے چہرے پر ممتا کا نور پھیل گیا۔"

افسانہ "طور پر گیا ہوا شخص" دور حاضر کے تقریباً ہر گھر کی کہانی ہے جہاں لڑکیاں سالوں اپنے طور پر گئے شوہر کے منتظر سسرالی عزیزوں کی خدمت کرتی بوڑھی ہو جاتی ہیں۔ یہ ہمارے معاشرے کا بہت اہم مسئلہ ہے کہ والدین اپنی بیٹیوں کے روشن مستقبل کے لیے دیار غیر میں ملازمت پیشہ لڑکوں سے شادی کو ترجیح دے رہے ہیں۔ جو محض چند دن کی آسائش اور عمر بھر کی مسافت ثابت ہوتی ہے۔ افسانے کا اقتباس دیکھیے:

"متوسط طبقے میں جانے یہ کیسی وبا پھیلی ہوئی تھی۔ آسائشوں کی آگ لینے بے وطنی کے کوہ طور پر جانے والے لڑکوں سے اپنی لڑکیوں کو بیاہ کر انھیں دیار غیر دھکیلنے کی یا اپنی سر زمین پر انتظار کی تپتی ریت پر آبلہ پا بھٹکنے کی۔۔۔۔ جو دیار غیر سے لدے پھدے آتے کتنی سحر آفریں ہوتی تھی ان کی شخصیت، جن میں ان کا وجود کم اور ان کی چیزیں زیادہ نمایاں نظر آتی تھیں۔"

سلمیٰ صنم صاحبہ نے اس افسانے میں معاشرے میں پھیلی اس وبا کی طرف توجہ دلانے کی کوشش کی ہے جو تیزی سے پھیل رہی ہے۔ اس کو روکنا اور اس کے مضر اثرات سے آگاہ کرنا، بہت ضروری ہو گیا ہے۔ والدین کی یہ سوچ کہ دیار غیر میں ملازمت کرتے لڑکے ہی ان کے بیٹیوں کا مستقبل سنوار سکتے ہیں لڑکیوں کو لامتناہی غم میں مبتلا کرنے کی وجہ بن رہی ہے۔ والدین تو بیٹی کو بیاہ کر اپنے فرض سے سبکدوش ہو جاتے ہیں، شوہر بھی اپنے اور اپنوں کے خواب پورے کرنے دیار غیر کی خاک چھاننے چلا جاتا ہے۔ پیچھے رہ جاتی ہے تو لڑکی، جو کسی کی بیوی، بہو، بھابی ہے۔ اس کی دل جوئی، وقت گزاری کے لیے سسرال کے نہ ختم ہونے والے کام اور طعنے جو اس کی روح و جسم کو ہر لمحہ زخمی کرتے ہیں لیکن ان رشتوں کی ڈور میں باندھنے والا اس کا ہمسفر، اس کے زخموں پر پیار و وفا کا مرہم رکھنے والا شوہر، میلوں دور ہوتا ہے۔

اس افسانے میں معاشرے کے اس رویے پر بھی طنز کیا گیا ہے جو عورت کو مادی آسائشیں دے کر، فطری خواہشوں اور ضرورتوں کو مارنے پر مجبور کرتے ہیں۔ اس عمدہ افسانے میں افسانہ نگار نے شوہر سے دور تنہائی کا درد سہتی عورت کے احساسات کی ترجمانی کمال ہنر مندی سے کی ہے۔ جس میں عورتوں کا فطری تقاضوں سے مجبور ہو کر کسی سامری کے جال میں پھنسنے کی طرف بھی اشارہ ہے۔ پیش نظر اقتباس معنی خیز اور اہم ہے:

"وہ جو بے وطنی کے کوہ طور پر آگ لینے گیا تھا۔ وہ پیغمبری لے کر ضرور لوٹتا مگر اس کے بیچ اگر کوئی سامری آجائے تو پھر کیا ہو؟؟ زینت گھبرا کر سوچتی اور ہاتھ مل کر رہ جاتی۔"

گر واقعی کوئی عورت اپنی فطری جبلتوں سے مجبور ہو جائے اور کسی سامری کے جال میں پھنس جائے تو؟

یہ سوال بہت اہم ہے اگر ایسا ہو جائے تو پھر ہم اس کا قصوروار کس کو ٹھہرائیں گے۔ دیار غیر کے امیر لوگوں کو جو انسانوں کو امپورٹ کرتے ہیں، یا والدین کو جو اپنی بیٹی کے شاندار مستقبل کی خام خیالی میں مگن ہیں، یا وہ جو اپنے بیٹوں کو صرف پیسہ چھاپنے کی مشین سمجھتے ہیں۔

افسانہ نگار نے کوہ طور، آگ، سامری، جیسی خوبصورت معنی خیز علامتوں کے سہارے معاشرے میں پنپ رہی ایک اہم برائی کو افسانوی پیرائے میں ڈھالا ہے۔ افسانہ مختصر ہوتے ہوئے بھی وسیع مفاہیم کا احاطہ کرتا کامیاب ہے۔

انسان کو اپنی خودی کی پہچان کراتا افسانہ "تڑپتا پتھر" بھی مختصر لیکن موضوعی اور معنوی اعتبار سے بے حد اہمیت کا حامل ہے جس میں انسان کو خود شناسی کا درس دیا گیا ہے۔

یہ حقیقت ہے کہ جب تک انسان اپنی "میں" کو نہ مار دے تب تک اسے دنیا اور دنیا کی حقیقت کا پتہ نہیں چلتا۔ خود شناسی کے لیے "میں" کا خاتمہ ضروری ہے۔ خود شناسی ہی خدا شناسی تک پہنچنے کے پہلی سیڑھی ہے۔

افسانے "قطار میں کھڑے چہرے" اور "بھیگے کاغذ میں لپٹے ہوئے لمحات" میں موذی بیماریوں کو موضوع بنایا گیا ہے۔ اس مرض کا شکار ہوئے افراد کے اہل خانہ کی تکلیف، اپنوں سے بچھڑنے کا درد افسانے کی ہر سطر سے عیاں ہے۔ اول الذکر میں "ایبولا-"مرض کے بڑھتے اثرات، نسل در نسل منتقل ہوتی بیماری کے خوف کو فطری انداز میں موثر پیرائے میں پیش کیا گیا ہے۔ اس افسانے کے مطالعے سے موجودہ کرونائی حالات کی درد ناک تصویر آنکھوں کے سامنے آجاتی ہے۔ جہاں ہر طرف لامتناہی اموات کا سلسلہ، ایک ایک کر کے اپنوں سے دور ہونے کا غم، رشتوں میں آتے فاصلے، عزیزوں کے تڑپنے کا کرب سب کچھ قاری خود پر گزرتا محسوس کرتا ہے۔

آخر الذکر افسانے میں "الزائمر" کے مرض میں مبتلا مریض اور اس سے جڑے رشتوں کی تکلیف نمایاں ہے۔ یہ افسانہ سائنس و ادب کا حسین امتزاج ہے۔ جس میں الزائمر کے جینٹک بیماری ہونے کی تفصیل دلچسپ افسانوی انداز میں اس طرح پیش کی گئی ہے کہ قاری نہ صرف بیماری کی وجوہات، مضر اثرات سے واقف ہوتا ہے بلکہ اس بیماری میں مبتلا مریض اور اہل خانہ کی ذہنی و دلی کیفیات، کرب کو بھی دل سے محسوس کرتا ہے۔

مجموعے میں شامل دیگر افسانوں میں-"پت جھڑ کے لوگ"عورت کی بے لوث محبت کی داستان ہے جس میں نئی نسل کی خود سری پر بھی چوٹ کی گئی

ہے۔"پگلا" اپنے موضوع اور پیش کش کے اعتبار سے کامیاب افسانہ ہے۔ جس میں مفلسی، بے بسی، جواریوں کی غیر مستقل مزاجی، معصوم بچے کی اپنے بھائی کی روح کو سکون پہنچانے کی کوششوں کو افسانوی پیرائے میں پیش کیا گیا ہے افسانے کا موضوع اور 'بوڑھا" کردار اپنے خود غرضانہ فعل کے باعث پریم چند کے افسانہ "کفن" اور اس کے مرکزی کردار "گھیسو اور مادھو" کی یاد دلاتے ہیں۔ ان کرداروں کی سوچ، بے بسی، خود غرضی، وقتی خوشی، ندامت، ڈھیٹ پن، وہ مشترکہ خصوصیات ہیں۔ جو قارئین کے دل میں ان کرداروں سے نفرت کے باوجود ہمدردی کا جذبہ پیدا کرتے ہیں۔

افسانہ "مٹھی میں بند چڑیا" عورت کی بے بسی اور مرد کی مردانگی کی تصویر پیش کرتا ہے۔ افسانے میں "چائلڈ ابیوز" کو موضوع بنایا گیا ہے۔ شعاع ایک ایسی بے بس چڑیا ہے، جو کم عمری میں پہلی بار سراج کی بند مٹھی میں مسلی گئی۔ پھر یہ سلسلہ کئی بار چلتا رہا، لیکن ہر بار مٹھی میں بند چڑیا، پھڑ پھڑا کر، تڑپ کر، سسک کر رہ گئی۔ شعاع کو سراج کا، معاشرہ کا ڈر خاموش رہنے پر مجبور کرتا رہا لیکن سراج کے مہلک بیماری ایڈز میں مبتلا ہونے کی خبر شعاع کو دلی سکون عطا کرتی ہے۔

افسانے میں جہاں لڑکیوں کی جنسی استحصال کی درد بھری داستان بیان ہوئی ہے وہیں لڑکوں کے جنسی بے راہ روی کے خطرناک نتائج ایڈز جیسی مہلک بیماری کی صورت سامنے لا کر، اس سے بچنے کی تلقین کی گئی ہے۔

افسانہ "سورج کی موت" چڑھتے سورج کی پوجا محاورہ پر مکمل صادق آتا ہے۔ افسانے کا کردار لیاقت خاں کا ساہوکاری ختم ہو جانے کے بعد بھی اپنی نام نہاد "میں پن" کے زعم میں رہنا، ایسے کئی جاگیر داروں، نوابوں کی یاد دلا رہا ہے جو چاہ کر بھی اپنے

سنہرے ماضی کو بھولنا نہیں چاہتے۔ زمینداری، جاگیرداری ختم ہو جانے کے باوجود، اپنی بڑائی کا بھرم رکھنا چاہتے ہیں۔ انھیں یہ حقیقت قبول کرنے میں مشکل پیش آتی ہے کہ اب ان کے نوابی ٹھاٹ نہیں رہے، گاؤں میں اب کم تر طبقے کے افراد اپنی تعلیم سے ان سے بڑا عہدہ حاصل کر، ان سے زیادہ مال دار بن گئے ہیں۔ افسانہ لیاقت خان کی دلی کیفیت اور بدلے حالات اور رویوں کا عکاس ہے۔

افسانہ "میری" سائنس کی ترقی، ڈونر، پرائی کوکھ کا وضاحتی اشارہ ہے جس میں ایک ماں کے احساسات کی حقیقی ترجمانی ملتی ہے۔ افسانے کا مرکزی کردار میری اپنے کوکھ میں کسی اور کے بچے کو سینچتی تو ہے لیکن جسم سے جدا ہوتے ہی اپنی گود خالی کر کسی اور کی گود بھرنے پر مجبور ہو جاتی ہے۔ ایک ماں کا اپنے بچے کو خود سے جدا کرنا، تکلیف دہ عمل ہے۔ افسانہ ان ہی تکلیف دہ جذبات و احساسات کا عمدہ اظہار یہ ہے۔

مجموعہ کا آخری افسانہ "میرے محافظ" اسلوب اور کردار نگاری کے اعتبار سے فیبل کے زمرے میں آتا ہے۔ جس میں دو بوڑھی گائیں اہم کردار ہیں۔ افسانہ عصر حاضر کے ایک اہم موضوع اور مسئلے "گئو رکھشک اور ان کے فرقہ وارانہ نظریات" کی حقیقت بیان کر رہا ہے۔ افسانے میں بے زبان جانور اپنے گائوں سے محافظوں کی تلاش میں در در بھٹکتی پھرتی ہیں۔ لیکن ہر جگہ سے ٹھکرائی جاتی ہیں۔ ان کے نام نہاد محافظ کا کہیں کوئی نشان نہیں ملتا، تھک ہار کر، قسمت سے وہ اسی در پر پہنچتی ہیں، جس در کے مکیں کو محافظوں نے (گئوماتا) قاتل قرار دیا ہے۔ رحیم خان جو پیشہ سے قصائی ہے۔ لیکن ان دنوں ملک میں آئے نئے قانون اور گئو رکھشکوں کے ڈر وخوف کی وجہ سے بے روزگاری کی مار جھیلنے پر مجبور ہو گیا ہے۔ اسی کو بوڑھی گایوں کی کمزوری، بدحالی پر رحم آتا ہے۔ وہ ان کے لیے چارہ اور پانی کا انتظام کرتا ہے۔ لیکن اس کی بیوی ساجدہ گئو محافظ کی قہر سے اس قدر سہمی

ہوئی ہے کہ وہ ان گایوں کو گھر سے نکال دیتی ہے۔

سلمیٰ صنم کے اسلوب کی انفرادیت یہ بھی ہے کہ ان کے افسانوں کا راوی اکثر خود کلامی کے چند جملے بار بار دوہراتا ہے۔یہ جملے معنی خیز اور افسانے کی جان ہوتے ہیں جو قاری کے لیے موضوع کی گہرائی اور گیرائی تک رسائی حاصل کرنے میں معاون بھی ہیں۔اس کے علاوہ افسانوں کے پر تجسس آغاز اور غیر متوقع انجام، قاری کو چونکنے اور بہت کچھ سوچنے پر مجبور کرتے ہیں۔

سلمیٰ صنم صاحبہ نے اپنے افسانوں کو نئ تشبیہات، استعارات اور علامتوں سے سجایا ہے جس کو ان کے رواں عام فہم اسلوب نے مزید دلکش اور پر اثر بنا دیا ہے۔

مجموعی طور پر "قطار میں کھڑے چہرے اور دیگر کہانیاں" میں شامل سلمیٰ صنم صاحبہ کے افسانے عصر حاضر کے متنوع موضوعات کا احاطہ کرنے میں کامیاب ہیں جس میں معاشرے اور معاشرتی رویوں اور مسائل کی تئیں ان کی فکر منتشرح ہے۔

***

اردو نثر کی ایک اور تحقیقی تنقیدی ترتیب

اردو ناول : کچھ نئے زاویے

مرتبہ : مکرم نیاز

بین الاقوامی ایڈیشن جلد منظر عام پر آرہا ہے